취향의
정치학

이 저서는 2007년도 정부(교육과학기술부)의 재원으로 한국연구재단의 지원을 받아 출판되었음.
(NRF-2007-361-AM0059)

취향의 정치학
피에르 부르디외의 『구별짓기』 읽기와 쓰기

초판 1쇄 발행 | 2012년 5월 15일
초판 10쇄 발행 | 2025년 4월 15일

지은이 | 홍성민
펴낸이 | 조미현

편집주간 | 김현림
교정교열 | 김정선
디자인 | 김희은

펴낸곳 | (주)현암사
등록 | 1951년 12월 24일 제10-126호
주소 | 04029 서울시 마포구 동교로12안길 35
전화 | 365-5051 · 팩스 | 313-2729
전자우편 | editor@hyeonamsa.com
홈페이지 | www.hyeonamsa.com

부산대학교 인문학연구소 ⓒ 2012
ISBN 978-89-323-1623-9 04100

* 이 도서의 국립중앙도서관 출판시도서목록(CIP)은 서지정보유통지원시스템 홈페이지(http://seoji.nl.go.kr)
와 국가자료공동목록시스템(http:// www.nl.go.kr/kolisnet)에서 이용하실 수 있습니다.
(CIP제어번호: CIP 2012002178)

* 이 책은 저작권법에 따라 보호받는 저작물이므로 저작권자와 출판사의 허락 없이
이 책의 내용을 복제하거나 다른 용도로 쓸 수 없습니다.
* 저작권자와 협의하여 인지를 생략합니다.
* 책값은 뒤표지에 있습니다. 잘못된 책은 바꾸어 드립니다.

03
우리시대 고전읽기
질 문 총 서

취향의 정치학

피에르 부르디외의
『구별짓기』 읽기와 쓰기

홍성민 지음

현암사

La Distinction: Critique sociale du jugement(Les Éditions de Minuit, 1979)

Pierre Bourdieu(1930~2002)

"
현대 사회에서 신분의 차이는
어디에 기인하는가.
부르디외는 계급적 취향의 차이가
사회적 신분을 구별한다고 분석해낸다.
문화적 취향의 차이는 신분적 위계질서를
가능하게 하는 지배논리의 단초이다.
"

차례

여는 글   한국에서 『구별짓기』는
        어떻게 읽히고 쓰여야 하는가 | 8

1장   부르디외에 관하여:
        생애와 저작 | 14

   생애 | 14
   저작 | 18

2장   생활세계, 아비투스, 소비취향 | 38

   『구별짓기』의 서문 | 38
   아비투스 | 42
   설문조사의 대상과 질문 내용 | 45
   설문 대답의 내용 | 60
   조사에 대한 결론 | 64

3장   계급의 분류와 특성 | 90

   지배계급: 차별화의 감각 | 90
   중간계급 | 103
   민중계급: 필요 취향 | 115
   계급 변동 | 124

4장　문화와 정치:
　　　공공 영역과 사적 영역을 넘어서 ｜ 128

　　　이데올로기 생산의 장(구조적 요인) ｜ 131
　　　사회적 행위자 ｜ 136
　　　아비투스와 정치적 의견 ｜ 140

5장　결론 혹은 평가 ｜ 164

　　　문화의 상동성 ｜ 164
　　　분류투쟁 ｜ 169
　　　평가 및 비판 ｜ 172

맺는 글　남한 사회에 스며 있는
　　　　'식민성의 감성효과' ｜ 183

주요 용어 사전 ｜ 195
피에르 부르디외 서지 목록 ｜ 199
찾아보기 ｜ 204
'우리시대 고전읽기/질문총서' 발간사 ｜ 206

여는 글　　한국에서 『구별짓기』는
　　　　　　어떻게 읽히고 쓰여야 하는가

『구별짓기』에 대한 해설서를 써달라는 청탁을 받고 한동안 난감했다. 『구별짓기』에 대해서 논문을 쓰라고 하면 필자의 의견을 제시하고 논증하면 그만이다. 또 소개서라면 부르디외가 쌓아온 사상의 윤곽을 평이하게 서술하고, 『구별짓기』에 등장하는 난해한 개념들을 설명하면 될 것이다. 이러한 형식의 글은 이미 몇 차례 쓴 바 있다. 부르디외에 대한 논문 모음집은 2000년에 발행한 바 있고(『문화와 아비투스』, 나남출판사), 부르디외의 학문에 대한 소개글도 2004년에 역시 출판한 일이 있다(『피에르 부르디외와 한국 사회』, 책세상). 그런데 해설서는 무언가? 몇 가지 어려운 생각들이 스쳐갔지만, 단순하게 생각하고 원고를 쓰기로 했다. 특히 이번에 『구별짓기』에 대한 해설서를 쓰면서 2000년과 2004년에 하지 못했던 것을 하고자 했다.

첫째는, 『구별짓기』의 전체적인 내용과 의미를 일목요연하게 정리해보고자 했다. 사실 『구별짓기』는 너무 지루하고, 지나치게 현학적이며, 놀라우리만큼 방대하다. 문체마저 난해하여 도무지 읽을 엄두가 나지 않는다. 전문가들도 이 책의 전체적인 의미를 모두 파악하기 어렵다. 대체로 문화사회학을 전공한 학자도 소비 취향에 대한 설문조사의 내용과 결과에만 집중하고 있으니, 결국은 1장과 3장 정도가 한국 사회에 응용되고 있는 실정이다.

사실 매우 조심스러운 논평이지만, 필자의 눈에는 미국에서 공부한 한국의 문화사회학자(특히 소비사회학자)들은 미국 학자들의 논문에 기대어 한국 사례를 연구하는 경우가 더 많아 보인다. 한국 학자들의 시각에서 『구별짓기』를 직접 읽지 않은 채 미국의 기준으로 부르디외를 수입하다 보니, 논의가 천편일률로 흘러가고 있다. 학문의 발전을 위해서는 매우 걱정스러운 악습이다. 거칠고 부족하더라도 고전을 자신의 눈으로 직접 읽고 한국 사회에 필요한 문제의식을 새롭게 발견하는 시도가 필요하다. 그래야 한국 학문의 발전이 비로소 가능해지는 것이다.

학문의 성과는 문제의식에서 출발하며, 자신만의 문제의식을 포착하기 위해서는 고전에 대한 독해가 필수적이다. 그런데 우리 학계에서는 고전을 읽는 데 시간을 투자하기보다는 유행을 좇는 데 더 바쁘다. 문제의식에서 근원하는 학문의 내용은 점차 사라져 가고, 논문의 형식만이 지나치게 강조되고 있다. 그래서 정작 중요한 내용들이 학문적 평가에서 누락되는 경우가 종종 있다. 매우 심각한 일이다.

그래서 필자는 고전을 독해하는 데 길잡이 역할을 하고자 했다. 『구별짓기』를 누구나 쉽게 읽을 수 있도록 내용을 간략하게 정리하고 책의 구성을 재조정했다. 그렇다고 『구별짓기』의 상당 내용을 생략한 것은 아니다. 다만 필요한 부분만을 강조하거나, 작은 개념들(문화자본, 아비투스, 장 등)에 집착하지 않고 전체적인 윤곽을 그려보고자 노력했다. 실증 조사에 매몰되어왔던 한국 사회학이 그 편향된 시각의 균형을 잡을 수 있는 기회가 되기를 바란다. 그동안 『구별짓기』에서 상대적으로 소홀하게 다루어졌던 8장 「문화와 정치」 부분을 필자가 이 책에서 강조한 이유도 그 때문이다. 사실 『구별짓기』는 사회학에 국한될 수 없는 사회과학 전체에 해당하는 고전이며, 인문학자들에게도 많은 시사점을 던지는 명저이다. 이른바 사회인문학의 탄생을 알리는 책이다. 그래서 필자는 사회과학자는 물론 인문학자들까지도 읽을 수 있도록 최대한 평이하게 정리해보았다. 사회학 전공자라면 교양 교재로 쓸 수 있는, 기타 전공자라면 대학원에서 읽을 수 있는 수준을 염두에 두었다.

둘째는, 프랑스 사회의 특수성을 염두에 두고 이 책을 쓰기로 했다. 1960년대의 자료를 가지고 프랑스 사회를 분석하고 있는 『구별짓기』를 한국 사회에 그대로 적용하는 것은 분명 무리가 있다. 그렇다고 『구별짓기』에 등장하는 몇 가지 개념에만 집중하여 이론적 해석을 시도하는 것은 공허한 일이다. 예컨대 미국의 영향을 받은 한국 사회학자들 간에는 '문화자본'의 개념을 두고 논쟁이 치열한데,

자칫 현장의 문제의식은 사라지고 조작적 용어에 매몰되지 않을까 우려스럽다.

사회학은 기본적으로 현장의 경험을 토대로 한 학문이기에, 반드시 저자의 사회적 배경과 지적 분위기를 알아야 한다. 따라서 부르디외의 사상을 이해하고, 『구별짓기』에 등장하는 실증 자료를 응용하기 위해서는 보편성과 특수성을 동시에 포착해야 한다. 왜냐하면 학문의 보편성이란 언제나 지적 폭력의 도구로 사용될 수 있기 때문이다. 다시 말해 1960년대 프랑스 사회가 어떤 상황에 처해 있었으며, 어떤 사상적 흐름에 놓여 있었는지를 전체적으로 파악해야 한다. 그렇지 않으면 지식은 우리 사회를 억압하는 도구로 전락할 것이다. 오늘날 한국 사회는 지식의 지배에 대한 경각심이 그 어느 때보다 절실한 상황인데, 부르디외의 사회학은 바로 그러한 경각심을 깨닫게 해주는 데 매우 유용하다. 필자가 이번 해설서에서 강조하고 싶었던 부분이기도 하다. 지식의 지배와 관련해서는 이미 번역서를 낸 바 있다(뤽 페리·알랭 르노, 『68사상과 현대 프랑스 철학』, 인간사랑, 1995).

셋째는, 한국 사회를 설명하는 데 필요한 지적 자양분을 찾아보려고 노력했다. 한국 사회의 특수성을 먼저 고려하게 되면, 『구별짓기』의 특수성을 비판하지 않을 수 없다. 문화이론의 보편성은 비판적 독해가 있은 뒤에만 가능하다. 이 책은 바로 보편성을 목표로 하면서 특수하게 『구별짓기』를 해설하고 있는 책이다. 한국 사회가 정치·경제론을 근거로 사회개혁의 실마리를 찾으려 했던 시절이 있었다. 그러나 최근에 나타나는 현실 정치는 점차 과거의 방법론으로는 설명되지 않는 새로운 국면으로 접어들고 있다. 2002년부터 시작된 촛불집회의 움직임이나, 몇 차례에 걸쳐 등장했던 선거 국면들은 1980년대나 1990년대를 지배했던 국가론의 시각/시민사회론의 시각으로는 잘 설명이 되지 않는 특수한 정치 현상이다. 나는 2000년대 이후 개인들의 감성이 사회 현장에 깊이 관여하고 있다고 판단하며, 이를 근거로 한국 사회가 개인주의 시대에 돌입했다고 주장하고 싶다. 이제 국가권력의 정당성(1980년대), 시민사회의 자율성(1990년대)은 개인들의 감성적 변화와 깊숙이 맞물려 있다. 이러한 맥락에서 개인들을 전통적인 계급 단위로 환원시켜 생각하는 것은 시대착오적이다. 개인들의 감성과 행위들은 차라리 욕망의 단위로 형성되고 표현된다고 보는 것이 보다 적절하다. 따라서 한국 사회를 분석하는 데는 이제 새로운 시각이 필요한데, 부르디외 사회학이 그 중요한 실마리를 제공할 것이다.

다시 말해 필자는 한국 사회의 변화를 설명하는 데 부르디외의 문화이론과 실증연구방법론이 매우 유용하다고 판단했다. 그리고 그에 대한 한국적 적용 가능성을 이번 해설서를 통해서 진지하게 고민해보았던 것이다. 프랑스와 한국의 사례 비교라는 의미로, 부르디외의 실증 조사에 부합하는 한국의 경험적 연구들을 찾아 거칠게 비교해보았다. 더 많은 자료가 있었을 터이고, 더 정교하게 다듬어진 비교분석이 필요했을 것이다. 그렇지만 아쉬움은 차라리 한국판 『구별짓기』를 쓰는 작업으로 해결할 수 있을 것이다. 언제까지 부르디외를 인용하면서 비교의 준거로 삼을 수는 없지 않은가!

이번 해설서를 통해 그동안 부르디외에 대해서 논의되었던 쟁점이 곱씹어지고, 가려졌던 부분이 조망될 수 있기를 기대한다. 그리하여 이 책이 한국 사회에서 외국의 지식을 수입하는 데 올바른 본보기가 되었으면 좋겠다.

해운대 바닷가에서
홍성민

1장 부르디외에 관하여:
생애와 저작

생애

피에르 부르디외Pierre Bourdieu, 1930~2002는 1930년 프랑스 남서부의 피레네 지방에서 태어나 농촌의 서민적 전통이 깊게 배어 있는 전형적인 소부르주아 집안에서 자랐다. 아버지는 유대인으로 그 지방의 우체국 공무원이었다. 따라서 부르디외가 프랑스의 수재들이 모인다는 파리의 고등사범학교École normale supérieure에 입학한 것은 대단히 이례적인 일이었다. 주로 파리의 상류층 집안 자제들이 다니는 이른바 일류 학교였기 때문이다. 당연히 부르디외는 대학 시절 파리의 도시 분위기에 적응하지 못했고, 귀족적이고 권위적인 파리의 학교 제도나 입학 제도에 대해 매우 비판적인 생각을 갖게 된다.

부르디외의 학문 세계는 일반적으로 1960년대를 전후로 프랑스 사회에 확산되었던 지배계급의 문화적 권력 양상을 고발하는 것에 집중되는데, 그중에서도 학교 제도에 대한 비판은 대단히 급진적인 편이다. 아마도 학창 시절의 경험이 그의 학문 세계에 알게 모르게 큰 영향을 주었던 것으로 보인다.

한국식으로 말하자면, 그는 가난한 지방 공무원의 아들이었으나 그 지역에서 손꼽히는 수재였고, 엄청난 경쟁을 뚫고 서울의 일류 대학교에 입학했지만 점차 권위주의 정권의 모순과 사회 병리 현상에 눈을 뜨게 되어 결국 학생운동에 가담하게 된 운동권 학생이었던 셈이다. 물론 그의 학문 세계도 이러한 토대 위에서 발전했다.

1968년 5월 프랑스에서 학생운동이 일어날 당시 부르디외는 대학교수로서, 우리 식으로 표현하자면 운동권 교수 중의 선봉에 섰고, 그가 출판했던 몇몇 저작은 당시 프랑스 학생운동의 중요한 이론서 역할을 했다. 그중에서 대표적인 저작이 1964년에 발표한 『상속자들 Les Héritiers: les étudiants et la culture』이다. 이 책에서 부르디외는 프랑스 사회의 계급적 위계질서가 철폐되지 않고 계속해서 재생산되는 기본적인 원인이 바로 교육 제도에 있다는 사실을 논리적으로 지적하고 있는데, 결국 5월 혁명 당시 학생운동 세력은 이러한 부르디외의 주장을 근거로 소르본을 비롯한 명문 대학 중심의 서열 제도를 혁파하고 모든 대학을 공립학교로 바꾸어 평준화한 뒤 학교 재정은 정부가 직접 담당하도록 하는 새로운 교육 제도를 만들어내기에 이른다.

이처럼 부르디외의 학문과 사상은 프랑스 사회의 제도적 모순과 권력지배에 대한 저항 정신으로부터 출발한 것이다. 일찍이 부르디외 스스로도 자신의 학문은 사회 투쟁을 위한 도구라고 말하기도 했는데, 이러한 점에서 그는 종종 사르트르와 비교되곤 한다. 왜냐하면 두 사람 모두 그저 상아탑에 묻힌 채 학자로서 진리를 찾는 일에 열중하기보다는 지식인으로서 사회의 병리적 문제를 해결하는 데 적극적으로 동참하고자 했기 때문이다. 또한 두 사람 모두 진보적 지식인으로서 마르크시즘을 통해 자신의 이론적 기반을 구축했으며, 철학에서 출발해 문학비평과 같은 다양한 분야에서 탁월한 업적을 남겼다는 점, 또 프랑스 대중들에게 지대한 영향을 끼친 지식인이었다는 점에서 매우 흡사하다. 그러나 사르트르가 파리의 귀족 가문 출신이었던 반면, 부르디외는 농촌의 소부르주아 가정 출신이었으며, 또한 사르트르가 인류의 보편적인 가치를 지식인이 추구해야 할 대상으로 생각한 반면, 부르디외는 구체적인 현장에서 사회적 약자들의 권리를 보호하는 것이 지식인의 임무라고 주장했던 점에서는 차이를 보이기도 한다. 그러나 부르디외는 끝내 공산당에 입당하지 않았다. 이는 당시의 프랑스 지식인 사회의 분위기에 비추어볼 때 대단히 이례적인 것이었다.

    1955년 철학 전공으로 교수 자격을 취득한 뒤, 부르디외는 곧바로 알제리 대학의 조교수로 취임해 간다. 그가 알제리 사회를 대상으로 이른바 인류학적 작업에 몰두한 시기가 바로 이 무렵이다. 1961년 프랑스로 돌아와서는 소르본 대학과 릴 대학에서 강의를 하다가 1964년에는 고등연구원École pratique des hautes études의 연구책임

자로 근무하게 되는데, 이때 그는 레이몽 아롱Raymon Aron과 함께 연구 작업을 수행한다. 그러나 얼마 안 되어 학문적 견해차로 인해 스승과 결별하고, 직접 독립적인 연구소를 만들게 되니, 이것이 바로 유럽사회학연구센터Le centre de sociologie europeenne이다. 훗날 이 연구소를 중심으로 여러 명의 소장학자들이 모여 수많은 저작을 발표하는데, 1970년대 중반까지 부르디외의 연구 작업들은 대부분 이들 소장학자들과의 공동 작품이다. 그중 대표적인 학자들로는 볼탄스키Boltanski, 그리뇽Grignon, 파스롱Passeron, 베르데-르루Verdes-Leroux 등이 있다.

1979년 부르디외는 『구별짓기: 판단의 사회적 비판La distinction: critique sociale du jugement』을 발표한다. 이 책을 통해서 그는 프랑스 학계를 대표하는 최고의 지성인으로 인정받게 되고, 1981년에는 콜레주 드 프랑스College de France(우리 식으로 말하면 한국학술원에 해당한다)의 사회학 분과 위원장으로 취임하게 된다. 또 이 시기를 전후해 그는 교환교수 자격으로 미국의 대학을 자주 방문하게 되는데, 이를 계기로 그의 명성은 세계적인 수준에 이르게 된다.

1980년대의 10년이 학자로서 부르디외의 최전성기였다면 1990년대의 10년은 참여하는 지식인으로서 부르디외의 전성기라고 할 수 있다. 1989년부터 1990년까지 2년 동안 그는 미테랑 대통령 직속 자문기구인 교육위원회의 위원장을 맡았으며, 1993년에는 『세계의 비참』이라는 책을 발표함으로써 프랑스 사회의 빈곤 문제를 직접적으로 다루었고, 1995년에는 미국식 신자유주의 정책에 맞선 프랑스 노동자들의 파업 시위를 지지하는 성명을 발표하는 등 적극적인 행동을 보여준 바 있다. 이밖에도 1998년에는《르몽드 Le Monde》지에 "좌파 중의 좌파를 위하여"라는 논설을 게재하여 조스팽 정권의 중도정책을 보수적인 것으로 낙인찍는 급진적 해석을 보여주었고, 2000년에는 세계화에 반대하여 이탈리아 밀라노에서 결성된 '비판과 급진주의자들의 연대 forces critiques et progressister'에서 중요 지식인의 한 사람으로 활동했다. 그러던 중 그는 지병으로 2002년 1월 23일 파리에서 사망했다. 부르디외의 죽음을 두고《르몽드》는 프랑스 최고의 지성이 세상을 떠났다며 슬퍼한 바 있다. 프랑스뿐만 아니라 영미 학계에서도 그에 대한 연구서적과 해설서들의 출간이 이어지고 있다.

저작

그렇다면 부르디외는 어떤 책을 썼으며, 그의 문제의식은 어떻게 발전되어왔는가? 사실 1958년에 생애 첫 저작을 내놓은 뒤 2002년 사망할 때까지 부르디외는 매년 한 권의 저서와 여러 편의 논문을 꾸준히 발표한 만큼, 그가 발표한 책과 논문을 모두 정리한다는 것은 쉬운 일이 아니다. 따라서 이 글에서는 그의 문제의식을 몇 개의 시대 구분을 통해 살펴보고, 각 시대를 대표하는 문제의식과 저작의 내용을 설명해보기로 하겠다.

제1기: 알제리에서의 경험

부르디외는 철학 전공으로 대학을 졸업했다. 한국의 대학과 달리 프랑스에서는 특정한 전공 분야가 없이 학부를 마치는 것이 보통인데, 이때 인문-사회계열 학생들이 중요하게 생각하는 학문이 바로 철학, 역사, 문학이다. 부르디외도 이러한 기초 학문을 이수하고 대학을 졸업한 뒤 인류학으로 관심 분야를 확대해간다. 1950년대 후반, 부르디외는 군복무를 대신하기 위해 알제리에 있는 대학에서 몇 년간 조교로 근무하게 되는데, 이때 그는 카빌Kabyle이라는 마을에서 원시부족사회의 결혼 제도와 물물교환 제도를 연구하는 민속학적 연구 작업을 수행한다.

이 시기에 부르디외가 특별히 관심을 가졌던 분야는 서구의 자본주의 문화가 알제리에 이식되었음에도 불구하고, 알제리 사람들은 왜 자본주의 제도에 쉽게 적응하지 못하는지를 이론적으로 설명하는 것이었다. 이때 부르디외는 '아비투스Habitus'라는 개념을 통해 알제리 사회 제도의 변화와 새로운 제도에 적응하지 못하는 알제리 사람들의 습성과 태도 사이의 괴리를 설명한다. 아비투스라는 개념에 대해서는 뒤에서 보다 상세히 설명하겠지만, 간단히 정리하자면 인간의 행동은 엄격한 합리성과 계산에 근거해 행해지기보다 일정한 기억과 습관 그리고 사회적 전통의 영향을 받는데, 그때의 그 기억과 습관 또는 사회적 전통을 말한다. 따라서 자본주의가 경제의 근간으로 알제리 사회에 이식되었음에도 불구하고, 사람들은 과거의 물물교환경제에 익숙해 있던 습관, 기억 그리고 사회적 전통에 따라서 행동하는 것이 보통이고, 이러한 관행이 변하기 위해서는 상당히 오랜 시간이 걸린다는 것이다. 이러한 내용을 잘 요약하고 있는 책이 우리말로 번역된 바 있는 『자본주의의 아비투스Algérie 60』이다.

부르디외의 이러한 설명 방식은 당시 학계 분위기에서 보면 큰 도전이었다. 당시 프랑스 지식인 사회에서 개인의 행동을 설명하는 철학적 흐름은 크게 두 가지 경향으로 나뉘었다. 우선 사르트르의 실존주의 철학에 따르면, 개인의 행동은 외부적 장애 요인에도 불구하고 실존적 결단에 따라 이루어지는 것인 만큼, 개인의 행동을 설명하는 데 과거의 기억이나 관습 따위를 고려할 필요는 없다. 반면 레비-스트로스Claude Lévi-Strauss의 구조인류학에 따르면, 개인들의 행동은 사회적 규범과 규칙에 따르는 것으로 여기에는 일정한 방식이 있다. 따라서 전혀 일관성 없어 보이는 부족 간의 결혼 제도나 물물교환에서도 이러한 집단적 행위를 뒷받침하는 일정한 규칙을 찾을 수 있다는 것이다. 이러한 실존주의와 구조주의 경향은 사회과학 전반에 영향을 끼쳐, 전자의 경향은 미국의 사회학에서 방법론적 개인주의라는 이름으로 유행했으며, 후자의 경우는 마르크시즘과 같은 계열에서 구조주의 마르크시즘이라는 하나의 분파를 형성하기도 했다.

그런데 부르디외의 아비투스 개념은 이러한 두 갈래의 이론적 흐름을 모두 비판하고, 실존주의와 구조주의 철학의 흐름을 변증법적으로 종합해야 할 필요성을 역설한다. 부르디외에 따르면, 개인의 행동이 주관적 의지를 통해 실현되는 것은 사실이지만, 과거로부터

누적된 사회적 관행의 영향을 받으며, 또 개인의 행동이 일정한 규칙성을 갖는다는 구조주의의 발상은 결국 권력과 같은 강제력이 그러한 규칙성을 지배하는 근본적인 사회적 관행을 뒷받침한다는 사실을 간과하는 것이다. 이것은 실존철학의 전통에서 생각했던 것처럼 개인의 이성 능력이 무한하지 않다는 것을 의미하며, 또 구조주의에서 생각했던 것처럼 사회적 규범성이 중립적이고 보편적이기보다 계급적 편향이나 권력의 논리에 따라서 불평등하게 형성된다는 점을 지적하는 것이다.

알제리에서 민속학적 연구를 했던 경험은 이후 부르디외에게 두 가지 영향을 주게 된다. 하나는 방법론적인 것으로, 당시 프랑스 지식인 사회를 지배하던 사변적인 경향을 타파하고, 보다 실증적인 연구 작업을 수행하는 것이 학자로서의 임무라는 생각을 갖게 만든 점이다. 당시 프랑스는 사르트르나 레이몽 아롱 등이 지식인 사회를 주도했던 시절이며, 이들이 주로 철학이나 문학을 통해서 현실 문제에 참여했다면, 부르디외는 이러한 분위기를 비판하면서, 지식인은 보다 구체적이고 실증적인 문제에 천착해야 함을 강조한다. 그가 철학에서 벗어나 사회학으로 자신의 학문적 영역을 넓혀가게 되는 시점이 바로 여기다.

다른 하나는 학문의 목표가 사회적 불평등과 모순을 드러내고 그것을 해결하는 데 필요한 무기가 되어야 한다는 점이다. 부르디외의 사상 형성에 적지 않은 영향을 준 사람이 당시 프랑스 마르크시즘을 이끌던 알튀세Louis Althusser였다는 점을 감안한다면 부르디외가 지식을 어떻게 생각했는가를 짐작하는 것은 그리 어려운 일이 아니다. 사실 지식을 대하는 이러한 현실주의적 경향은 부르디외에게서 뿐만 아니라 1960년대를 풍미했던 이른바 반이성주의적 계열의 학자들, 예를 들면 푸코Michel Foucault, 데리다Jacques Derrida 혹은 리오타르J. F. Lyotar 같은 학자들에게서 공통적으로 나타나는 현상이다.

제2기: 유럽사회학연구센터의 창립과 문화 연구의 출발

제2기는 알제리 생활을 마치고 프랑스로 귀국한 뒤인 1960년대 초반부터 1970년대까지다. 이때 부르디외는 학문적 열정이 넘치는 소장학자로서 유럽사회학연구센터를 설립하고 제법 풍부한 연구비를 바탕으로 주위에서 자신의 생각에 동조하는 동료와 제자들을 규합하여 그들과 함께 다양한 문화 분야의 연구 성과를 축적하게 된다. 특히 이 시기의 중요한 저작들은 주로 교육학과 관련된 것들이다. 1964년에 발표한 『상속자들』, 1970년에 발표한 『재생산La reproduction』 등은 공통적으로 프랑스 교육 제도를 비판하는 저작들인데, 이미 언급한 바와 같이 『상속자들』은 1968년 당시 대학생들이 소르본 중심의 대학 서열 제도를 비판하고, 고등학교 제도를 전면적으로 개편할 것을 요구하는 데 중요한 이론적 지침서 역할을 했던 책이다. 흥미로운 것은 마르크시즘의 전통에서 교육 제도를 비판한 『상속자들』이 미국에서 가장 먼저 번역되면서 미국이나 한국 학계에서 부르디외가 종종 교육학자로 간주되곤 한다는 것이다.

그렇다고 부르디외가 이 시기에 발표한 저작들이 모두 교육학에 국한된 것은 아니다. 이때야말로 부르디외의 학문적 관심사가 폭발적으로 증가하여 실로 다양한 분야의 연구 업적을 남긴 시기이며, 이즈음에 그의 연구 대상은 문화 영역 전체를 관통하게 된다. 예를 들어 『중간계급의 예술 Un art moyen』(『중간 예술』), 『예술을 사랑하기 L'amour de l'art』 등이 대표적인 저작이며, 그밖에도 「상징재화의 시장 Le marche des biens symboliques」, 「예술적 시각의 사회적 이론에 대한 요인들 Elements d'une theorie sociologique de la perception artistique」과 같은 논문들이 당시 부르디외의 학문적 관심사를 잘 보여주는 대표적인 글들이다.

이러한 저작과 논문을 관통하는 공통적인 문제의식은 사람들이 대단히 일상적이고 개인적인 취향이라고 생각하는 문화 활동, 예를 들면 사진 찍기(『중간계급의 예술』의 주요 연구 대상이다), 박물관이나 그림 전람회에 가기(『예술을 사랑하기』의 중요한 연구 대상이다) 따위들의 일정한 취향이 사회 계급을 유지시키며, 궁극적으로는 사람들로 하여금 자신의 계급적 정체성을 인정하게 만드는 사회적 기제가 된다는 것이다. 주말이나 공휴일에 영화관에 가는 사람과 전위예술을 관람하는 사람 간의 문화적 선택의 차이는 지극히 개인적이고 우연적이라고 생각하기 쉽지만, 예술이나 문화에 대한 해석 가능성은 사회 안의 계급적 위치에 따라 길들여져 강요된 것이라는 게 부르디외의 설명이다. 어떤 작품을 좋아한다는 것은 그 작품에 대해서 사회적으로 인정된 평가를 수용한다는 의미를 가지며, 이러한 맥락에서 예술작품에 대한 선호는 이미 사회적 세계관이나 정치적 판단과 밀접하게 연결되어 있다는 것이다.

부르디외의 저서 중에서 『중간계급의 예술』은 1960년대에 폭발적으로 보급된 사진기라는 것이 어떤 식으로 일반 대중에게 사용되는지, 또 사진 작품을 평가하는 대중들의 예술적 감각은 어떠한지를 계급론적인 시각에서 분석한 책이다. 사진 찍는 행위에 무슨 계급적 편차가 존재한다는 것인가 하고 반문할지도 모르지만 예컨대 사진기를 들고 다니면서 증명사진을 찍는 그룹과 풍경이나 정물을 찍는 그룹 사이에는 분명 일정한 가치관의 차이가 존재한다고 볼 수 있다. 이것은 '좋은 사진 작품'과 '나쁜 사진 작품'이라는 평가를 내리는 예술적 판단에도 동일하게 적용된다.

부르디외는 주로 미술 작품이나 사진이라는 대상을 통해서 문화 활동의 계급적 구분을 밝혀냈지만, 이러한 논리는 모든 문화 활동에 그대로 적용될 수 있다. 한국적인 예를 통해서 말해보자면, 할리우드 영화를 좋아하는 사람과 전태일을 그린 영화를 좋아하는 사람 사이에는 분명 사회적 가치관의 차이가 있을 것이다. 또 민중예술을 선호하는 사람과 피카소의 예술을 선호하는 사람 사이에도 일정한 가치관의 차이가 있을 것이다. 이때 이러한 생각과 판단의 차이는 그들이 어떤 가정에서 출생했고 어떤 학교를 다녔는가에 따라 크게 달라진다. 다시 말해 출신 배경이나 학벌이라는 요인이 사회적 가치는 물론 예술에 대한 취향마저도 결정하는 것이다. 이것은 뒤에서 보다 상세히 설명하겠지만, 출신 가정을 통해서 획득할 수 있는 인맥이나 학교 졸업장을 통해서 얻을 수 있는 사회적 이득이 존재한다는 사실을 의미한다. 이를 두고 부르디외는 개인의 상징자본의 차이가 취향의 편차를 낳는다고 말한다.

한편, 앞에서 설명한 논리가 문화 소비의 측면이라면 「상징 재화의 시장」(이 논문은 『예술의 규칙Les règle de l'art』(동문선, 1999)이라는 책에 수록되어 있다)에서 부르디외는 문화적 작품의 생산 과정을 설명한다. 예를 들면 유명한 화가의 그림, 사회적으로 화제가 되고 있는 소설이나 음악 들이 생산되는 과정은 그것을 평가하는 비평가들이나 일반 대중에게 소개하는 언론매체와 일정한 연결 관계를 갖는데, 이것은 일종의 문화적 권력관계로 이해할 수 있다. 대표적인 예로 마르셀 뒤샹Marcel Duchamp의 〈변기〉라는 예술작품을 보자. 사실 뒤샹의 〈변기〉는 작가의 기괴한 행동의 결과물이며, 일설에 따르면 뒤샹 자신도 전시회에 출품할 작품을 날짜에 맞추어 준비하지 못했기 때문에 임기응변식으로 변기를 뜯어내어 출품한 것뿐이라고 한다. 그런데 그 변기가 전시회에 출품된 이후 비평가들과 언론매체들은 그것이 미술사에 획을 그은 대단한 작품이라고 논평하기에 이르렀고, 70년이 지난 지금까지도 학생들이나 일반인들은 뒤샹의 〈변기〉를 명작으로 이해하고 있다. 문화 작품이 생성되는 논리는 비단 예술 세계뿐만 아니라 문학이나 학문의 세계에서 명작이라고 평가되는 저술 등에도 동일하게 적용될 수 있다는 것이 부르디외의 설명이다.

대체로 부르디외의 저술들은 예술작품을 주제로 한 예술사회학의 연구 작업(『예술의 규칙』, 1992)과 학문의 세계를 대상으로 한 지식사회학의 연구 작업(『호모 아카데미쿠스Homo Academicus』, 1984)으로 구분되어 발표되었다. 전자에서는 주로 1880년대 당시 플로베르의 소설이 작가에 의해 어떤 방식으로 쓰여지고, 그것이 어떤 과정을 거쳐서 문화시장에 소개되었으며, 또 독자들의 반응과 비평가들의 논평이 작가에게 어떤 영향을 주었는가를 분석해내고 있다. 후자의 경우에는, 프랑스 지식인들 간의 논쟁거리가 겉으로는 대단히 순수한 학문적 논의처럼 보이지만, 그 안에는 학자들의 그룹과 파벌의 이해관계를 둘러싼 비학문적 요인이 더 많이 작용하고 있으며, 한 시대의 학문의 장에서 중요한 쟁점으로 부각되는 논쟁거리들이 정치적 영향력 아래서 이루어진 것이라는 사실을 밝혀내고 있다.

사실 부르디외의 학문 세계에서 지식의 생성과 유통 문제를 다루는 이른바 지식사회학의 영역은 대단히 중요한 연구 대상이었고, 그는 이와 관련해 단행본뿐만 아니라 여러 편의 논문을 출판한 바 있다. 그중에서도 「마르틴 하이데거의 정치적 존재론L'ontologie politique de Martin Heidegger」(1988)은 하이데거 철학을 구체적인 대상으로 삼아 그동안 부르디외가 전개해온 지식사회학의 이론들을 증명했다는 점에서 주목받을 만하다. 이 책은 하이데거의 출신 가정이나 그가 자라온 배경 등을 추적하고, 특히 박사학위 과정을 마칠 즈음 그의 스승이었던 후설Edmund Husserl과의 관계, 그리고 신칸트학파가 주도하던 당시 독일 학계의 분위기를 상세히 조사한 뒤, 이러한 학문 외적 배경이 어떤 식으로 그의 철학에 영향을 주었는가를 분석하고 있다.

부르디외에 따르면, 하이데거는 보수적인 기독교 집안에서 태어나, 제1차 세계대전에서 패배한 뒤 염세적이 된 독일의 사회 분위기 속에서 새로운 독일의 재건을 바라는 민족주의적 반동 세력으로부터 큰 영향을 받으며 학교를 다녔다. 대학에서는 후설을 중심으로 한 신칸트학파가 전체 학계를 주도한 편이었는데, 하이데거는 이러한 학문적 분위기에 적응하지 못했다. 그러나 그가 자신의 사상을 그대로 표현하는 경우에는 박사학위 논문 통과가 어려울 뿐만 아니라, 학계에서 교수직을 얻는 것조차 불투명해질 우려가 있었다. 따라서 하이데거는 자신의 생각을 대단히 우회적인 방법을 통해서 표현할 수밖에 없었다. 철학을 공부하는 사람들 사이에서 하이데거의 『존재와 시간』만큼 난해한 책은 없다는 것이 일반적인 평가이다. 그런데 그 이유가 반드시 학문적인 것만은 아니다. 부르디외에 따르면 하이데거의 저작이 읽기 어려운 이유는 정치적 요인과 밀접히 관련된다. 하이데거의 나치당 가입을 두고도 여러 가지 설명이 가능하겠으나, 결국 학자의 정치적 행보에는 학자의 신념이나 이념을 넘어서 개인적인 성장 배경, 학자로서의 훈련 과정 등이 중요하게 작용한다는 것이 부르디외의 설명이다.

    제2기에 해당하는 저작들을 설명하면서 필자는 시기적으로 1980년대 이후에 발표된 책들까지 언급했는데, 그 이유는 1970년대 이전에 이러한 책들의 초보적인 문제의식이나 기본 골격이 이미 발표되었기 때문이다. 부르디외는 기회가 있을 때마다 자신의 문제의식을 여러 형태로 발표한 뒤 나중에 다시 단행본으로 엮어 출판하는 경우가 많았다. 그는 이미 1970년대 초반부터 유럽 전역에서 사회학자로 명성을 얻기 시작했으며, 1980년대 이후에는 그 명성이 전 세계에까지 확산되었다. 파리에 머무는 시간이 일 년 중 6개월 정도에 불과할 만큼 전 세계를 돌아다니며 수많은 강연을 하고 또 세미나에 참석해 발표를 하곤 했으니, 그의 학문적 업적이 이런 식으로 출판되어야만 했던 이유를 짐작하는 것은 어렵지 않다.

따라서 부르디외의 업적에 관심을 갖고 있거나 본격적인 연구를 수행하고자 하는 사람들은 우선 제2기에 쓰여진 논문들을 먼저 읽어보라고 권하고 싶다. 왜냐하면 단행본으로 발표된 저작들은 이해하기가 쉽지 않고, 논점을 찾아내기도 매우 어려운 반면, 1970년대 이전에 발표된 비교적 짧은 논문들은 그의 원초적인 생각이 무엇인지를 평이하게 보여주고 있기 때문이다. 프랑스의 대표적인 지성들의 글쓰기 양식이 대체로 그렇듯이, 사실 부르디외의 글을 읽어내는 것은 보통 어려운 일이 아니다. 데리다나 푸코의 책들이 어렵다고는 하지만, 필자의 경험으로 보자면, 부르디외의 글을 읽고 소화하기 위해서는 그보다 더한 인내력이 필요하다. 프랑스 사람들조차도 부르디외의 프랑스어를 쉽게 읽지 못한다고 한다. 그런 의미에서 부르디외의 저작들을 손쉽게 풀어서 일반 대중들에게 알리려는 이 책의 시도는 대단히 위험스러울 수도 있다.

제3기: 계급 연구와 『구별짓기』의 발간

제3기라고 구분하여 따로 시대를 나눌 필요가 있을지 의문스럽지만, 부르디외는 1970년대 초부터 1979년까지 프랑스 사회를 대상으로 본격적인 문화 분석을 수행하면서 계급 문제에 대한 새로운 시각을 정립한다. 그리고 이러한 연구 결과를 모아 『구별짓기: 판단의 사회적 비판』(1979, 이하 『구별짓기』)을 출판한다. 이 책은 그를 세계적인 학자로 자리매김하는 데 큰 역할을 했다는 의미에서 한 시기로 구분해서 살펴볼 만한 사회 분야의 대작이다. 프랑스의 어느 중견 학자는 『구별짓기』를, 막스 베버Max Weber의 『프로테스탄트의 윤리와 자본주의 정신』, 에밀 뒤르켐Emile Durkheim의 『자살론』과 함께, 지난 150년간 출간된 사회과학 저서 가운데 3대 명저로 꼽기도 한다. 우리나라에서도 지난 2000년 《교수신문》이 선정한 10대 사회학 명저에 이 책이 오른 바 있다.

그렇다면 도대체 이 책에서 부르디외는 무슨 말을 하고자 했을까? 먼저 이 책의 구성을 보자. 『구별짓기』는 8개의 장과 결론으로 구성되어 있다. 1장에서는 프랑스가 대혁명을 거친 뒤 2백 년이 지났지만, 여전히 귀족적 사회 제도를 유지하고 있다는 총체적인 비판을 가한다. 2장과 3장에서는 사회변동의 방법론을 설명하고, 사회학에서 일상 세계를 분석의 대상으로 설정해야 하는 이유와 구체적인 문화 분석의 사례들을 보여준다.

8장은 문화 분석의 사례를 정치적 영역에 적용한 경우이다. 프랑스 사람들이 자신의 계급적 기반과 어긋나는 행동을 하는 것, 예컨대 노동자들이 보수 정당에 표를 던지는 경우가 현대 정치에서 대단히 큰 논란거리가 되고 있는데, 이러한 문제를 설명하는 데 부르디외의 해석은 큰 실마리를 준다. 부르디외는 노동자나 민중계급이 자신들의 가치관과 세계관을 해석하고 표현할 수 있는 언어를 소유하지 못하기 때문에, 실제로 그들의 정치적 투표권의 행사가 왜곡된다고 분석하고 있다. 이론적으로 보면 이는 마르크스의 허위의식이나 그람시Antonio Gramsci의 헤게모니 개념을 실증적인 자료 분석을 통해 설명한 것이다. 그는 개인들의 의사결정과 정치적 행동을 결정하는 요인은 물질적 조건이 가장 큰 변수이기는 하지만, 여기에 덧붙여 상징자본과 물적 자본의 비율이 어떻게 배분되는가를 고려해야 한다고 강조한다. 예를 들어 경제적으로 풍요로운 사람이지만 상징자본이 빈약한 경우와 상징자본이 풍부하지만 경제적으로 빈곤한 경우를 대비해본다면, 전자는 고졸 출신의 자영업자로 후자는 시골 대학의 교수나 중·고등학교 교사 정도로 선정해볼 수 있을 것이고, 이들이 보이는 정치적 가치판단이 경제적 변수만으로 설명될 수 없다는 사실을 어렵지 않게 알 수 있을 것이다.

그런 의미에서 부르디외의 『구별짓기』에서 가장 중요한 부분은 현대 사회에서 계급의 위치와 그들의 행위를 설명하고 있는 5, 6, 7장의 계급론이다(5장은 지배계급론, 6장은 중간계급론, 7장은 피지배계급론이다). 부르디외에게 계급론은 추상적인 이론 체계라기보다는 사회를 분석하는 하나의 시각이다. 따라서 그의 계급론을 이해하기 위해서는 마르크스나 베버 혹은 뒤르켐의 계급론에 대한 기본적인 공부가 선행되어야 한다. 아마도 그의 글이 난해한 이유는 바로 이 때문일 것이다. 그는 자신의 저서에서 마르크스나 베버를 직접 언급하지 않은 채 구체적인 실증분석 사례만을 설명하고 있지만, 이러한 경험적인 작업이 어떠한 의미를 갖는지 알기 위해서는 반드시 고전 사회학에 대한 이해를 갖추어야만 한다.

계급론에 대한 부르디외의 독특한 시각은 6장에서 전개되는 중간계급론에서 잘 드러난다. 그에 따르면 중간계급은 지배와 피지배의 양쪽 진영에서 차라리 보수적인 성향을 띠는 집단이다. 사회적 상층부로 상승하고자 하는 욕망이나 자신의 문화적 특성을 지니지 못한 정체성의 상실 등이 그들의 정치적 가치관을 보수적으로 만들어내는 것이다. 특히 부르디외는 중간계급을 연구하면서 그들이 과거에 어떠한 계급 분파에 속했다가 현재는 어떠한 분파로 이동했는지를 고려하는 것이 중요하다고 말한다. 이른바 계급 연구에 시간적 요인을 도입한 것이다. 예를 들어 지금 중간계급에 속하더라도 사회적 상층부에서 하강하여 중간계급으로 이동한 경우와 반대로 하층부에서 중간계급으로 이동한 경우 모두 통계수치에서는 동일한 범주에 속한 것으로 포착된다. 그러나 동일한 중간계급에 속한 사람들이라도 그들의 정치적 가치관과 행동유형은 매우 다르다. 상층부에서 중간계급으로 이동한 경우 과거의 생활방식에 익숙한 나머지 여전히 보수적인 성향을 보이는 반면, 하층부에서 중간계급으로 이동한 경우에는 생활 형편이 나아졌다고 하더라도 과거의 생활 습관들이 여전히 남아 있어 민중계급의 절약 정신과 정치적 진보성을 보일 수 있다.

한국적 상황에서 부르디외의 중간계급론은 다양한 해석의 여지를 남긴다. 우선 한국의 일부 지식인 그룹에서는 중간계급의 구성원들이 사회적으로 진보적인 성향을 보인다고 생각하는 경우가 있는

데, 만일 부르디외의 분석이 한국에서도 여전히 적실성을 갖는다면 중산층을 통해 사회 변혁을 기대하는 이른바 중간계급에 대한 낙관론은 수정되지 않을 수 없다. 1990년대에 들어서면서 한국 사회에서는 1980년대의 민중계급론이 후퇴하고 시민사회론이 강세를 보여왔다. 이때 시민계급을 구성하는 사회적 실체가 중간계급이라고 한다면, 시민계급의 정치적 진보성에 대해 진지하게 묻지 않을 수 없을 것이다. 이러한 맥락에서 부르디외의 연구 작업은 한국의 중간계급 연구에 중요한 모범사례가 될 수 있다.

또한, 그의 경험적 작업들은 국민의 생각을 물어 정치적 판단을 결정하는 경우가 많아진 한국 정치의 흐름을 두고 볼 때 여러 가지 시사점이 많다. 예를 들어 정부의 정책 결정에 대한 여론조사가 시행되는 경우, 언론매체는 통계수치의 다양한 편차를 오차 범위라는 기술적인 용어로 처리하고 있을 뿐, 실제로 그 여론조사가 어떠한 변수를 근거로 조작되었는지에 대해서는 침묵하는 경우가 많다. 그런데 실제로 어떤 조작적 변수를 사용했으며, 설문지는 어떤 절차를 거쳐 작성되었는지를 구체적으로 밝히지 않는다면 여론조사의 결과 자체가 사실은 정치적 프로파간다의 역할을 할 수도 있다. 부르디외의 논리를 한국 정치 상황에 적극 응용해보면, 한국의 중간계급의 정치적 성향을 알아보기 위해서는 그들의 경제적 위치뿐만 아니라, 학력 정도와 과거의 신분 상태 등을 종합적으로 고려한 뒤에 설문지의 문항과 답변의 차이를 비교·검토해야 한다.

그런데 우리의 여론조사는 '성인 남녀 1천 명을 대상으로 조사',

'한국 남성 중 중산층 5백 명을 대상으로 한 조사' 등으로 진행되는 경우가 대부분이어서 실제로 한국 현실에 대한 여론의 향배를 정확히 읽어내지 못한다. 좀 더 강하게 표현하면 현재 한국의 여론조사는 조사 기관이 자신의 목적에 따라 국민의 생각을 마구잡이로 조작할 수 있는 개연성마저 가지고 있다.

부르디외가 쓴 여러 편의 논문 중에는 「여론이란 존재하지 않는다」, 「텔레비전에 관하여」와 같이 민주정치에서 여론과 언론의 유착 관계를 고발하는 글들이 많은데, 이것은 그가 현대 민주정치를 대단히 위험스럽게 바라보고 있다는 것을 반증한다. 그는 마르크스가 경제적 영역에서 고발했던 이른바 상품 물신주의가 현대 사회에서는 정치적 영역에서 기능하고 있으며, 따라서 오늘날의 정치는 형식에서는 민주적이라고 말할 수 있겠지만, 실제에서는 권력과 돈 그리고 여론 조작에 의해서 왜곡되고 있다고 고발한다. 사상적으로 보면 하버마스Jürgen Habermas의 '공론장의 정치'를 정면으로 반박하는 부르디외의 이러한 입장은 오늘날 한국 정치를 새롭게 이해하고 그 미래를 고민하는 데 많은 시사점을 준다고 하겠다.

『구별짓기』의 결론 부분은 방법론에 대한 언급이 많아 이 부분을 이해하기 위해서는 사회학의 전문지식이 필요하다. 그러나 그의 결론을 1장과 연결 지어 해석해보면, 결국 프랑스가 자유·평등·박애를 기본 이념으로 하여 혁명을 이루어낸 뒤 지금까지 2백 년이 지났건만 현대 사회가 과연 이러한 이념들을 제대로 실현했는지는 대단히 의문스러우며, 여전히 보이지 않는 불평등이 사회 곳곳에 남아 있다는 것이다. 그는 이러한 불평등 상태가 과거와는 달리 문화적 생활양식을 통해 개인의 무의식과 습관을 지배하고 있으며, 이 때문에 현대 사회의 권력 관계가 쉽게 가시화되지 않는다고 말한다. 이것이 바로 부르디외가 주장하는 상징적 폭력의 실체이다. 우리는 일종의 보이지 않는 문화권력의 그물망에서 평등의 실체를 망각하고 계급적 불평등에 익숙한 채 살아가고 있다. 이러한 맥락에서 보면 그는 개인이 자율적 이성 능력을 상실했음을 고발한 미셸 푸코와 같은 소위 포스트모던 계열의 학자이며, 계급적 불평등을 강조했다는 점에서 보면 알튀세를 이은 프랑스의 전형적인 마르크시스트라고 할 수 있다.

제4기: 새로운 윤리의 지평을 찾아서

『구별짓기』에 나타나는 비판 정신은 과연 현실 사회에서 구성원들이 준수해야 할 사회윤리가 무엇이며, 이성적 사회를 만들기 위해서 무엇을 해야 할 것인가라는 실천적 질문 자체를 불가능하게 만든다. 부르디외의 논리의 극단을 보면 민중계급의 비판의식이나 지식인들의 저항 정신 자체가 권력의 효과와 상징적 폭력으로부터 완벽하게 벗어날 수 없다는 해석마저도 가능하기 때문이다. 필자는 종종 포스트모던 계열의 학자들이 우리 사회에서 상대적으로 환영받지 못하는 이유 중의 하나가 바로 미래 사회에 대한 대안을 내놓지 못하기 때문이라고 생각한다. 왜냐하면 하버마스나 롤스John Rawls의 경우처럼 정책 결정이나 시민사회 운동에 실제로 도움이 되는 이론이 나와야 여러 곳에서 그 사용가치가 올라갈 것이기 때문이다. 그런 맥락에서 도대체 지식인이나 피지배계급이 부르주아의 문화권력에 대항해 어떻게 사회운동을 펼쳐야 하는가라는 영미 쪽 학계의 비판은 부르디외의 학문 체계에 실로 치명적이지 않을 수 없다.

이러한 비판들에 대해 부르디외는 사회학주의sociologism라는 태도로 일관해왔다. 이는 학문적 실천이 모순의 현장을 떠나지 않고 현실 문제에 적극적으로 참여했던 전문적 지식인을 통해서만 가능하다는 의미이며, 특히 사회학자는 구체적인 사실에 대해 분석하고 설명할 뿐이라는 것이다. 보편적인 진리에 대해 그는 늘 회의적이었다.

그럼에도 불구하고 1980년대를 지나면서 부르디외도 정치적 윤리를 언급하기 시작한다. 사실 사회학주의를 주장했던 과거의 경력과 비교해보면 이러한 글들은 대단히 철학적이고 추상적인 수준에서 논의가 전개되고 있어, 그의 학문적 흐름에 일종의 변화가 있었던 것은 아닌가라는 느낌을 갖게 된다. 필자는 이 시기에 쓰여진 부르디외의 대표적인 저작으로『파스칼적 명상Méditations pascaliennes』을, 논문으로는「도덕의 역설적 기초」(이 글은 1994년에 나온『실천이성들Raisons pratiques』에 실려 있다)를 꼽고 싶다. 전자는 부르디외 사회학의 인식론적 근거들을 잘 설명해주고 있다는 점에서 그의 이론적 토대를 밝힌 중요한 저작이며, 후자는 포스트모던적 입장에서 윤리의 가능성을 타진하고 있다는 점에서 분량은 짧지만 주목해볼 만한 논문이다.

우선『파스칼적 명상』을 검토해보자. 이 책은 여섯 개의 장으로 구성되어 있는데 각 장의 제목을 통해서 부르디외가 지금까지 펼쳐온 여러 가지 연구 작업의 주제를 살펴볼 수 있다. 먼저 1, 2, 3장에는 그의 지식사회학적 관심사가 잘 나타나 있다. 여기서 특히 부르디외는 하버마스나 롤스, 푸코에 대한 자신의 입장을 밝히고 있다. 『호모 아카데미쿠스』(1984)나 『귀족국가La Noblesse d'État』(1989)의 실증적인 연구 성과를 독해하기 전에 먼저 이 부분을 읽는다면 부르디외의 문제의식을 손쉽게 이해할 수 있을 것이다. 한편 책의 후반부인 4, 5, 6장에는 부르디외 사회학의 인식론이 잘 정리되어 있다. 특히 베르그송Henri Louis Bergson이나 메를로-퐁티M. Merleau-Ponty의 철학이 자신의 학문에 준 영향력이 간결하게 요약되어 있으며, 부르디외 사회학과 마르크시즘과의 관계에 대해서도 언급되어 있다.

이와 같이 부르디외 학문의 지성사적 위치가 바로서고 나면 「도덕의 역설적 기초」와 같은 글의 학문적 무게가 비로소 느껴지게 된다. 이 글은 과연 칸트 철학을 근거로 한 근대적 윤리 체계가 오늘날에도 가능한가라는 질문을 던지고 이에 대한 부르디외 자신의 입장을 정리한 것인데, 기본적으로 부르디외의 인식론이 베르그송이나 메를로-퐁티의 인식론에 기반을 두고 있다는 점을 인정한다면, 왜 그가 칸트의 존재론을 쉽게 받아들일 수 없으며, 나아가 이를 근거로 한 윤리론(하버마스의 의사소통론이나 롤스의 정의론이 대표적인 경우이다)이 현대 사회에 쉽게 적용될 수 없다고 비판했는지 이해할 수 있게 된다.

제5기: 정치 행동의 전선에서

1997년부터 2002년 지병으로 사망하기까지 부르디외는 70세를 바라보는 노구를 이끌고 신자유주의에 반대하는 프랑스 노동자의 전선에 가담한다. 우리 식으로 생각하면 일선에서 은퇴할 나이지만, 오히려 그는 현실 정치에 더 열정적으로 참여한 것이다. 수만 명의 노동자들이 운집한 리용 역 광장 앞에서 부르디외는 신자유주의 정책을 시행할 경우 결국 프랑스 경제는 미국식 자본주의에 지배당할 것이라고 경고하면서, 조스팽의 제3의 길은 좌파의 문제의식을 상실한 시대적 병폐라고 신랄하게 비판했다. 그리고 그는 자신의 이론이야말로 진정한 의미에서 좌파 중의 좌파임을 강변했다.

한편, 이즈음 부르디외는 새롭게 출판사를 차리고 프랑스 사회 현실에 밀착된 몇 권의 책을 출판한다. 그중 대표적인 저작이 『텔레비전에 관하여 Sur la télévision』(1997)와 『맞불 Contre-feux』(1998)이다. 전자는 현대 정치문화에서 텔레비전과 언론의 역할을 심도 깊게 파헤친 책으로, 출판 당시 프랑스 사회에 커다란 파문을 일으킨 바 있으며, 후자는 프랑스 노동자 파업과 지식인들의 대對정부 투쟁을 두고 프랑스 지식인들 사이에서 형성된 좌/우의 이념적 대립을 사회학적으로 분석한 책이다. 두 권 모두 분량은 많지 않지만, 오늘날 한국 사회가 겪고 있는 시대적 난맥상과 비교해볼 때 꼼꼼히 읽어볼 만한 책이다.

2장 생활세계, 아비투스, 소비 취향

『구별짓기』의 서문

부르디외는 『구별짓기』의 서문을 칸트에 대한 비판으로 시작한다. 근대 미학의 기초를 다진 칸트를 비판했다는 사실은 부르디외의 사상이 근대성에 도전하는, 즉 포스트모던적인 경향을 가지는 것으로 풀이할 수 있다. 따라서 『구별짓기』를 이해하기 위해서는 칸트의 미학 이론과 철학적 전제를 알아야 한다. 이를 위해서는 고대 철학의 모방이론으로부터 설명을 시작하는 것이 효율적이다.

칸트 이전에 존재했던 미학 이론은 모방이론Mimesis이다. 플라톤과 아리스토텔레스는 예술 행위를 모방이론에 견주어 설명하면서 상반된 입장을 드러낸 바 있다. 플라톤에 따르면 자연의 질서는 신이 창조한 것이며 예술이란 결국 자연을 모방(재현)할 뿐 본질에 도달할 수 없다. 따라서 예술 행위는 환영의 창조에 불과하다. 반면 아리스토텔레스에게 모방은 인간의 창조적 본능이며, 자연을 대상으로 만들어진 예술을 인지하는 것 자체가 인생의 즐거움이다. 특히 그는 비극적 연극이 사람들의 마음을 감동시켜 눈물을 흘리게 만드는 과정을 카타르시스라고 평가하고, 이것이야말로 예술 활동의 목표라고 강조한 바 있다. 예술에 대한 두 사람의 상이한 입장은 형이상학에 대한 철학적 전제에서도 크게 차이가 난다. 플라톤의 경우는 이데아의 세계가 보편자로서 존재한다고 생각한 반면, 아리스토텔레스는 사물 내에 개체적으로 구현되는 것이 바로 보편성을 갖는다고 말한다.

보편성과 개체성의 대립은 고대 철학에서 논쟁의 핵심이었고, 이것이 근대 사상사에 그대로 이어지는바, 이 문제를 해결한 사람이 칸트이다. 그는 『판단력 비판』에서 미학의 특수성과 보편성을 다음과 같이 설명한다. 즉 개인들은 사물을 바라보면서 일차적으로 '감각판단'에 의존한다. 그런데 보통 사람들의 개체적인 감각판단은 '반성적 판단'으로 귀결되어 보편적 미학의 수준에 이르게 된다. 그 이유는 뭘까? 바로 사람들은 '공통감각'을 가지고 있기 때문에 개체적인 감각판단을 넘어서 보편성 판단, 즉 반성적 판단에 이를 수 있다는 것이다. 칸트는 『판단력 비판』에서 보통 사람들은 보편적으로 아름다움을 인정할 수 있는 능력을 가지고 있다고 말한 바 있다. 즉 나이와 신분을 떠나서 똑같이 미적 쾌락을 느낄 수 있는 기준이 있다는 것이다. 이것이 바로 '공통감각'이다. 그런데 공통감각이 존재한다고 신뢰할 수 있는 이유는 칸트의 철학적 전제에서 유래한다.

그는 인간의 순수이성이 자연의 법칙과 같이 인간성에 본래적으로 존재한다고 믿었다. 그와 마찬가지로 감각적 판단을 보편성으로 승화시키는 공통감각은 인간 본연의 능력이라고 본 것이다.

그런데 부르디외는 이러한 칸트의 미학 이론에 반대한다. 그에 따르면 사람들이 그림이나 자연 풍광을 보면서 느끼는 감성들은 계급적으로 차이가 난다. 계급적이라는 말은 한 사람의 미학적 취향이 학교나 가정에서 익힌 훈련에 따라서 다르게 길들여진다는 점을 가리킨다. 게다가 미학적 취향이 사회적으로는 옳음/그름의 형식으로 작용하도록 강제력을 띠게 된다는 것이다.

칸트와 부르디외의 입장 차이는 책의 제목에서부터 쉽게 짐작할 수 있다. 칸트의 『판단력 비판』은 독일어로 'Kritik der Urteilcraft'인데 이것을 프랑스어로 바꾸어 보면 'la critique du jugement'이다. 그런데 『구별짓기: 판단의 사회적 비판』의 프랑스어 원제목은 'La distinction: critique sociale du jugement'이다. 『구별짓기』의 부제는 '판단력 비판'이라는 말에 '사회적'이라는 수식어를 붙인 것이다. 그렇다면 칸트와 부르디외의 인식론적 차이는 분명해진다. 칸트는 미학적 판단의 궁극적 기원이 인간의 본원적인 심성에 있다고 생각한 반면, 부르디외는 미학적 판단의 기준이 사회적으로 구성된다고 파악하는 것이다.

한편, 칸트는 '윤리적인 것'과 '미학적인 것'이 서로 구분된다고 생각했다. 칸트의 3대 주요 저작은 『순수이성 비판』, 『실천이성 비판』, 『판단력 비판』인데, 이것은 진리, 윤리, 미학에 각각 할애된 철학적 논증이다. 말하자면 칸트에게 진리, 윤리, 미학은 완전히 분리된 서로 다른 영역이다. 그러나 부르디외는 미학과 윤리를 서로 분리하지 않는다. 미술 작품이나 음악에 대한 취향은 현실 세계에 대한 도덕적-윤리적 성향과 매우 밀접하게 연결되어 있다. 예를 들어 예술에 대한 순수주의를 강조하는 미학적 성향은 경제적 풍요로움을 즐기고 있는 부르주아적 계급 기반에서 유래하는 것이며, 이것은 안락한 삶을 지향하는 윤리적 성향과 깊숙이 맞물려 있다.

예술이 윤리적 의미를 갖게 되는 순간 미학적 취향은 사회적 주체들을 계급적으로 구분하며, 이것은 다시 고급 취향/대중 취향과 같은 이분법적 대립구도를 만든다. 이것이 현대 사회에서 특징적으로 나타나는 지배자/피지배자의 권력 형식이다. 즉 아름다운 것/추한 것, 탁월한 것/천박한 것을 구별하는 것은 사회적 구도 안에서 가능하며, 이 과정에서 각 주체는 객관적 분류 체계 안에서 자신의 위치를 찾게 되고, 그 자리에서 높음/낮음의 형식으로 지배관계가 형성되는 것이다.

한편, 문화 활동이 권력 형식으로 전이되는 과정에는 교육의 역할이 크게 작용한다. 예술작품을 보고 첫눈에 반하거나 순식간에 희열을 느낄 수 없다. 예술을 이해하고 감상할 때는 누구나 감정적 융합, 인지 행동, 해독 작업을 거치기 마련이다. 즉 작품의 내재적 논리에 익숙해져야 한다. 명시적이건 암묵적이건 사물을 지각하고 음미하는 도식이 동원되어야 한다는 것이다. 그런데 이러한 해독 능력은 사회적으로 공인된 지식을 획득하는 과정을 통해서 얻어진다. 이러한 과정에 개입하는 것이 바로 가정교육과 학교 교육이다. 예술작품에 대한 안목은 바로 교육의 산물이다. 교육은 사회적으로 공인된 예술을 가르치며, 해독하는 방식을 규정한다. 개인의 교육 수준이 올라갈수록 예술에 대한 이해의 폭이 넓어지고 깊어지는데, 이것은 예술에 대한 해독 능력이 높아지는 것으로 풀이할 수 있다. 이것은 또한 예술작품에 대한 해석의 권위를 학교가 독점하고 있다는 점을 시사한다. 교육 수준의 정도가 예술에 대한 고급 취향/대중 취향을 구별하는 계기가 되며, 거꾸로 예술에 대한 취향이 계급을 구분하는 중요한 기준이 될 수도 있다.

예술에 대한 취향은 반드시 그림이나 음악과 같은 전통적인 대상에만 국한되지 않는다. 음식의 소비, 가구를 사들이는 취향, 패션 감각 등도 여기에 포함된다. 이렇게 놓고 보면 서로 간에 아무런 관련성이 없어 보이는 일상생활의 실천들이 사실은 매우 밀접한 취향의 논리로 연결되어 있으며, 일상의 문화가 사람들의 쾌락과 감성을 지배하고 있다. 그런데 이러한 감성의 형성 과정은 사회적 분류 체계로 작동함으로써 사회적 지배를 강화시키고 사람들의 저항의식을 억압하는 효과를 발휘한다.

아비투스

『구별짓기』는 부르디외가 실시한 사회적 설문조사를 근거로 통계자료를 해설하는 책이다. 특히 1장과 3장은 모두 개인의 소비 취향에 대한 분석을 시도했다는 점에서 하나의 범주로 묶어볼 수 있다. 한편, 부르디외에 따르면 개인들은 '아름다운 것(일상 영역)', '정당한 것(공공 영역)'에 대한 일정한 성향과 인지 틀을 가지고 있다. 이것을 부르디외는 '아비투스Habitus'라고 부른다. 아비투스에 대한 개념적 활용 범위를 정리하면 다음과 같다.

* 객관적으로 분류 가능한 실천들의 발생 원리인 동시에 분류 체계이다. 아비투스는 분류 가능한 작품과 실천을 생산할 수 있는 능력과 취향을 구별하고 평가할 수 있는 능력이다.
* 육화되어 있는 성향이다. 실천과 지각을 조직하고 구조화하는 구조이며 구조화되는 구조이다. 계급 구분의 원리, 사회적 정체성의 원리이다.
* 일상적 경험은 인식이다. 인식은 오인과 질서의 승인 과정이다. 그리고 이것은 아비투스의 도식에 따른 상호관계에서 감지된다.
* 경제적 가능성과 불가능성의 한계 안에서 존재 양태에 고유한 규칙성에 적합하게 조정되는 실천의 원리이다.

아비투스는 개인의 수준을 넘어 집합적 수준에서 형성된 사회적 구성물인데, 개인이 사회적 공간에서 차지하는 위치에 따라서 상이한 아비투스를 갖게 된다. 즉 개별 성향의 차이는 사회적 아비투스의 차별을 만들어내고, 계급별 구별 짓기 효과를 가져오는 것이다. 다시 말해 사회적 구성물인 아비투스의 존재가 개인들의 미학적 취향에 차이를 만들어 소비 행위와 생활양식에 이에 상응하는 차별성이 생기는 것이다. 이것을 근거로 부르주아 취향/중간 취향/하층 취향의 구분이 가능하게 된다.

부르디외는 다양한 문화적 실천을 계급적 분류에 따라 조사했는데, 계급을 정의하면서 경제적 자본과 함께 문화적 자본이라는 개념을 사용한다. 전자가 전통적인 마르크시즘에서 유래하는 개념이라면, 후자는 시장에서의 명예와 존경을 강조했던 베버의 개념을 이어받은 것이다. 마르크시즘의 전통에서 계급이란 생산수단과 관련하여 사회적 공간에서 차지하는 위치를 의미한다면, 베버적 전통에서 계급이란 사회적 존경과 생활양식 같은 상징적 자원과 관계된다. 부르디외가 경제적 자본과 문화적 자본을 동시에 분석 개념으로 사용했다는 것은 마르크시즘과 베버적 전통을 종합하여 계급 개념을 구성하려 했다는 것을 의미한다. 이것이 부르디외 사회학의 공헌이다. 여기서 문화자본이란 지식과 성향, 문화적 대상물(그림, 조각품), 제도화된 학위, 자격증 등을 의미한다.

이러한 계급적 취향의 차이가 현대 사회에서 신분의 차이로 드러난다는 것이 부르디외의 판단이다. 『구별짓기』 1장의 제목을 '문화귀족의 칭호와 혈통'으로 정한 이유가 바로 여기에 있다. 2백 년 전 프랑스대혁명으로 신분제 사회는 사라지고 자유민주주의 이념 아래 평등한 사회를 살아가고 있다고 생각하지만, 실제로는 여전히 사회적 계급과 신분이 존재한다. 그런데 사람들은 그것을 제대로 인식하지 못하고 있는데, 그 이유는 신분적/계급적 질서가 사람들의 생활세계에 스며들어 있기 때문이다. 다시 말해 인식/오인의 절차를 통해서—사람들의 습관(아비투스)을 통해서—지배의 논리가 개인들에게 전달되고 있기 때문에 사람들은 문화 취향이 모두 자신의 선택이라고 생각한다. 그러나 문화적 취향의 차이는 바로 계급적 차이를 만들어내며, 이것이 신분적 위계질서를 가능하게 하는 지배논리의 단초이다.

설문조사의 대상과 질문 내용

『구별짓기』1장과 3장에 소개된 설문조사는 일상생활의 다양한 취향을 그 대상으로 한다. 이 책 46쪽에서 59쪽까지가 설문지의 내용이다. 『구별짓기』 프랑스어판에는 부르디외 자신이 직접 작성한 설문조사서와 더불어 프랑스의 국립조사기관에서 실시한 다양한 문화취향 조사 결과가 첨부되어 있다. 따라서 이 책의 본문에서는 첨부한 조사표에 등장하지 않는 통계수치와 결과가 언급될 수도 있다. 이렇듯 『구별짓기』라는 책은 바로 1960년대에 프랑스 사회가 조사한 여러 가지 조사 자료를 토대로 쓰여진 일종의 보고서라고 할 수 있다.

조사표

● 성별:

● 생년:

● 배우자 상황:

　독신　　　　기혼　　　　과부　　　　이혼

● 자녀 수 · 연령:

● 주소:

● 현주소에서의 거주 연수:

　5년 이하

　5~10년 이하

　10년 이상

● 이전 주소:

● 최종 학력:

● 직업(될 수 있는 한 상세하게):

● 부친 및 조부의 최종 학력 · 직업(경우에 따라서는 최종 학력):

　　　　　　학력　　　　　직업

　부친

　조부

● 일가 수입은 다음 중 어디에 해당합니까?(F는 프랑)

　　10,000F 미만　　　20,000 ~ 25,000F　　　40,000 ~ 50,000F

　　10,000 ~ 15,000F　　25,000 ~ 30,000F　　　50,000 ~ 60,000F

　　15,000 ~ 20,000F　　30,000 ~ 40,000F　　　60,000F 이상

● 다음 중 어느 것을 가지고 있습니까?

    건축   자가용(가지고 있을 경우 차종도)

    녹음기   TV

    사진기   비디오카메라

    전화

* 여기서는 조사표 중에 사진에 관한 부분(24항목의 질문)은 수록하지 않았다(부르디외, 『중간 예술』, pp. 352~56을 참조할 것). 다만 사진에 대한 정보를 주는 다른 주제들에 대한 질문(질문 26)은 수록했다.

1. 당신은 가구를 어디에서 샀습니까?

   백화점에서 샀다(구입 백화점 이름)   벼룩 시장에서 샀다

   골동품점에서 샀다   경매장에서 샀다

   가구전문점에서 샀다(구입 상점 이름)   부모로부터 상속

   가구 장인으로부터 샀다   임대

   그 외(구체적으로)

2. 당신의 가구 스타일은?

   모던

   클래식

   민속풍

3. 만약 좋아하는 가구를 살 수 있다면, 어떤 가구를 사고 싶습니까?
   모던
   클래식
   민속풍

4. 당신이 생활하고 싶다고 생각하는 방의 인테리어를 형용하는 말로서, 다음 중 가장 적합한 것을 3개 골라주십시오.

깨끗하고 말쑥한	따뜻한	정성들인
쾌적한	관리하기 쉬운	상상력이 풍부한
잘 구성된	클래식한	실용적이고 기능적인
검소하고 분별 있는	조화된	아늑한

5. 위에서 예를 든 특징 중, 전혀 중요하지 않다고 생각하는 것 3개를 고른다면 무엇입니까?

6. 이하의 활동을, 당신이 자주 하는 것, 거의 하지 않는 것, 전혀 하지 않는 것으로 각각 나누어주십시오.

	자주 한다	거의 하지 않는다	전혀 하지 않는다
일요 목공			
스포츠(종목 이름도)			
캠프			
걷기			

조형예술, 회화, 조각

악기 연주(종류도)

실내 게임(종류도)

TV 청취

7. 다음 중 좋아하는 가수를 3명 골라주십시오.

    샤를 아즈나부르   에디트 피아프   루이스 마리아노

    레오 페레   자크 브렐   페추라 클라크

    조니 아리데이   조르주 게타리   자크 두에

    조르주 바라상스   프랑수아즈 아르디 잘베르 베코

8. 당신이 좋아하는 옷은?

    클래식한 바느질이 되어 있는 값비싼 옷

    유행에 맞고 자기 개성에 어울리는 옷

    수수하고 단정한 옷

    입어서 편안한 옷

    멋지고 고급인 옷

    그 외(구체적으로)

9. 당신의 옷은?

    평상복

    정장

자신 또는 가족의 수제품

개인 의상실에서 맞춤

대량생산 메이커의 기성품

기성복confection(세련되고 멋진)

프레타 포르테

10. 집에 손님을 초대할 때 어떤 요리를 대접합니까?

    소박하지만 깨끗하게 차려진 음식   식욕을 돋우는 경제적인 요리

    섬세하고 훌륭한 요리   독창적이고 이국풍의 요리

    양이 많고 맛있는 요리   전통적 프랑스 요리

    집에서 먹는 소박한 요리   그 외 (구체적으로)

11. 다음 형용사 중 친구의 인격적 요소로서 당신이 가장 높이 평가하는 것에 밑줄을 그어주십시오.

    명랑하고 낙천적인   세련된   양심적인

    온건한   사교적인   유쾌한

    예술가 기질의   설계가인   의지가 강한

    활동적인   예의 바른   기품 있는

12. 위에서 예를 든 요소 중, 전혀 중요하지 않다고 생각하는 것 3개는 무엇입니까?

13. 다음 중 좋아하는 종류의 책을 3개 골라주십시오.

　　추리소설·모험소설　　　　시집

　　연애소설　　　　　　　　정치 관계 저작

　　기행기·탐험기　　　　　철학 관계 저작

　　역사 이야기　　　　　　　고전작품

　　과학 관계 저작　　　　　현대 작가의 작품

14. 다음 중 좋아하는 영화의 장르를 3개 골라주십시오.

　　모험영화　　　　　　　　대大스펙터클 영화

　　전쟁영화　　　　　　　　뮤지컬·코미디

　　서부극　　　　　　　　　희극영화

　　탐정·수사영화　　　　　사회파 영화

　　역사영화　　　　　　　　드라마 영화

　　누벨바그 영화

15. 다음 중 당신이 본 영화는? 또 각각의 영화감독 이름과 주연배우 이름을 써주십시오.

　　　　　　　　　　　　본 영화　　감독 이름　　배우 이름

　〈이탈리아식 이혼광상곡〉

　〈몰살하는 천사〉

　〈로코와 그의 형제들〉

　〈시실리의 검은 안개〉

⟨빗속에서 노래를⟩

⟨구애자⟩

⟨심판⟩

⟨아브레 마을의 일요일⟩

⟨칼과 정의⟩

⟨치타⟩

⟨지상 최대의 작전⟩

⟨황야의 7인⟩

⟨부랑자를 위한 발라드⟩

⟨추악한 세관원⟩

⟨북경의 55일⟩

⟨바아리츠로의 여행⟩

⟨해적⟩

⟨악덕과 덕⟩

⟨황제의 비너스⟩

* 이 목록은 파리 거주자용이다. 북부 지방의 설문 대상자에 대해서는 조사할 때 상영되고 있던 영화에 따라 작성한 다른 목록을 사용했지만 여기서는 주목하지 않았다.

16. 영화를 볼 때, 특히 무엇에 흥미를 느낍니까?
    배우

감독

줄거리

17. 라디오 프로그램에서 특히 자주 듣는 것은?

경음악   교양 프로그램

뉴스   고전음악

시사 프로그램   그 외(구체적으로)

18. TV 프로그램에서 특히 자주 보는 것은?

연극   뉴스

과학 프로그램   역사 프로그램

영화   문화 프로그램

쇼   시사 프로그램

19. 다음 의견 중에 당신의 의견에 가장 가까운 것은?

클래식 음악은 어렵다

클래식 음악은 우리에게 어울리지 않는다

클래식 음악은 좋아하지만 잘 모른다

클래식 음악을 정말 좋아한다. 예를 들면 슈트라우스의 왈츠 등 좋은
   음악이면 무엇이든 흥미가 있다

20. 다음 곡목 중 알고 있는 작품은 무엇입니까? 또 각각의 작곡자 이름을 답해주십시오.

　　　　　　　　　　　　알고 있는 작품　　작곡자 이름

〈랩소디 인 블루〉

〈라 트라비아타〉

〈왼손을 위한 피아노 협주곡〉

〈소야곡〉

〈아를의 연인〉

〈칼의 춤〉

〈불새〉

〈푸가의 기법〉

〈헝가리 광시곡〉

〈어린이와 마법〉

〈아름답고 푸른 도나우 강〉

〈신들의 황혼〉

〈사계〉

〈평균율 피아노곡집〉

〈주인 없는 몽둥이〉

21. 위의 작품들 중에서 좋아하는 것 3개를 골라주십시오.

22. 다음 의견 중에서 당신의 의견에 가장 가까운 것은 어느 것입니까?

　　회화에는 흥미가 없다

　　인상파가 가장 좋다

　　미술관에 대해서는 잘 모르므로 나로서는 평가할 수 없다

　　상회화에는 고전파 회화와 마찬가지로 흥미 있다

　　회화란 좋은 것이지만 어렵다. 그에 대해 말하기에는 지식 부족이다

23. 다음 이름들 중에서 좋아하는 화가 3명을 골라주십시오.

　　다빈치　　　달리　　　　칸딘스키　　　블라밍크

　　르누아르　　고야　　　　라파엘　　　　와토

　　뷔페　　　　반 고흐　　　브라크　　　　피카소

　　유트리오　　브뤼겔　　　루소

24. 다음 박물관에 간 적이 있습니까?(될 수 있는 한 어떤 기회에 갔는지—학교에서, 부모님과, 친구와, 혼자 등—또 몇 년에 갔는지도 대답해주십시오)

　　루브르 박물관　　　　자크마르 앙드레 박물관

　　쥐 드 폼 박물관　　　당신 동네의 박물관(지방 거주자의 경우)

　　현대미술 박물관

25. 다음 각 의견에 대해 당신의 생각을 나열해주십시오.

현대화란 어떻게 해도 그릴 수 있다. 아이들이라도 같은 그림을 그릴 수 있다

누가 어떻게 그렸는지에 대해 관심 없다

나로서는 그림을 평가할 수 없다. 잘 모르므로

26. 다음 주제로 사진을 찍은 경우, 그것은 어떤 사진이 된다고 생각합니까?

아름답다 재미있다 시시하다 흉하다

풍경

자동차 사고

고양이와 노는 소녀

임산부

정물화

아기에게 젖을 물리고 있는 어머니

공사현장의 철골 구조

싸움을 하고 있는 부랑자들

양배추

일몰

직공

민속무용

로프

정육점의 고기 자르는 도마

나무껍질

유명 기념물

쓰레기 폐기장

최초의 영성체

상처 입은 사람

뱀

거장의 그림

〔응답자에 대한 의견〕 (조사원이 기입함)

거주

아파트

독립 소주택pavillion

단독주택maison

건축 후 경과 연수 :

건물의 상황 :

  HLM(공동주택) 낡았다 평균적

  부르주아적 허름한 디럭스

방 숫자:

내장內粧:

가구:

주된 양식:

바닥:

그 외의 의견

복장

남성:

  작업복   스포티한 옷(폴로셔츠, 청바지 등)

  쓰리피스 수트   외출복(타운웨어)

  스웨터   넥타이

와이셔츠의 모양과 색깔:

소매는:

  단추를 잠그고 입었다   커프스를 하고 있었다

  걷어 올리고 있었다

여성:

  홈웨어   셔츠, 블라우스와 스커트   드레스

  테일러 수트   판타롱   상당히 꾸미고 있다

신발은: 하이힐   로힐

                 슬리퍼

화장과 향수:

단정한 몸가짐인가 아닌가:

머리 모양

남성:

짧다	보통	스포츠형 crew cut
상당히 짧다	길다	가르마(옆가르마/중간가르마)
구레나룻	콧수염(모양은?)	턱수염
머릿기름을 발랐다		

여성:

짧다	보통	상당히 곱슬하다
상당히 짧다	길다	부풀렸다
뒤에서 묶었다	탈색했다	직모
부드러운 퍼머	염색했다	
(컬)		

어투

품위 있다	정확하다
속어조	문법적으로 틀림(구체적으로)

액센트:

강하다

종종 보인다

전혀 없다

설문 대답의 내용

이와 같은 질문지를 통해서 얻은 분석의 결과는 교육 수준과 사회 계급에 상응하는 세 개의 취향의 영역을 구분할 수 있다는 것이다. "정통적 취향(상류계급)", "중간층 취향(중간계급)", "대중적 취향(하층계급)." 각각의 영역(장)의 특성들을 살펴보면 다음과 같다.

음악의 경우

16개의 음악 작품 목록을 나열하고 응답자에게 각 곡의 작곡가를 물어보았다. 그중에서 4명의 가수와 4개의 음악 작품이 특징적으로 선택되었다.

계급별로 가장 높은 빈도를 나타낸 가수와 작품은 다음과 같다.

민중계급: 조르주 게타리(33%) 〈아름답고 푸른 도나우 강〉(65%)
중간계급: 브람스(54%), 〈칼의 춤〉(26%)
상류계급: 페추라 클라크(44%), 레오 페레(49,5%), 〈평균율 피아노 곡집〉, 〈왼손을 위한 피아노 협주곡〉

사진의 경우

1) 조사 대상자에게 계급별로 확실히 대립되는 응답률을 조사해보면 아래와 같다.
임산부 – 민중계급: 추하다(40%)

	- 상류계급: 아름답다(29.5%)
양배추	- 민중계급: 추하다(28%), 무슨 의미인지 모르겠다(57%)
	- 상류계급: 재미있다(21%), 아름답다(27%)
뱀	- 민중계급: 추하다(35%),
	- 상류계급: 아름답다(38%)
일몰	- 민중계급: 아름답다(88%)
	- 상류계급: 무슨 의미인지 모르겠다(19.5%)

2) "노파의 일그러진 손"의 경우

민중계급

A. "맙소사 어떻게 저렇게 손이 삐뚤어질 수 있나!"

B. "그런데 저건(왼손) 또 뭐야. 왼쪽 엄지손가락이 손에서 끊어진 것 같은데. 어떻게 저런 식으로 사진을 찍을 수 있담. 얼마나 고된 노동에 시달렸으면. 꼭 류머티즘에 걸린 것처럼 보이는데, 분명히 불구였을 거야. 그렇지 않다면 손을 저런 식으로 하고 다녀서 그런가(동작을 모방했나)? 그래, 분명히 그럴 거야. 그래서 저런 식으로 손이 구부러졌을 거야. 공작부인이나 타이피스트의 손은 저렇지 않을 거야."

C. "저런 노파의 손을 봐야 한다니 딱히 기분이 좋지만은 않군."

중간계급

A. "노동에 의해 닳고 닳은 손."

B. "불쌍한 노인네 같으니라구! 분명히 손 때문에 마음이 아주 괴로웠을

거야. 분명히 손을 쳐다보면서 커다란 고통을 느꼈을 테니까."
C. "사진으로 찍은 듯한 그림이군. 실제로 그림처럼 아름답군요."
D. "스페인 회화전에서 본 그림, 앞으로 팔짱을 낀 손가락이 뒤틀려 있던 수도승의 모습이 떠오르는군요."
E. "초기 반 고흐의 그림에 나오는 손, 즉 감자를 먹는 늙은 노인네의 손과 비슷하네요."

상류계급

A. "너무 일을 많이 한 사람의 손으로— 아주 힘든 손 노동을 한 모양이군."
B. "당연히 이 두 손을 보는 사람들은 누구나 노년이 얼마나 가난하고 불행한지를 알 수 있을 것이다."
C. "아주 아름다운 사진입니다. 노동의 상징 자체라고 할 수 있죠. 플로베르의 늙은 하녀 생각이 나는군요. 한때는 인간적으로 보였을 사람의 모습을 노동과 가난이 그토록 비참하게 뒤틀어버리다니 참으로 끔찍하기 짝이 없군요."

3) "짙은 화장을 한 여자를 찍은 사진"의 경우

민중계급

A. "집이나 방에다 저런 사진을 걸어놓을 생각은 없어요. 정말 보기 싫어요. 아주 끔찍하군요."
B. "죽었어요? 밤에 보았더라면 기겁했을 거예요. 너무 귀신 같고 무시무

시해서 바라보고 싶은 생각이 하나도 안 들어요."

중간계급

A. "아주 잘 찍었어요. 그래요 제법 멋지지만 무시무시하군요."
B. "사진의 대상이 되는 남자나 여성의 얼굴 표정이나 사진을 찍는 각도가 괴물 같은 인상을 주는데, 이 사진은 아래에서 위를 쳐다본 각도에서 찍은 것 같군요."
C. "인물이 아주 환상적이군요. 아주 기괴하게 보여요. 드레이어의 영화에 나오는 인물 또는 베르히만 영화 중에 위급한 지경에 처한 한 사람 또는 에이젠슈테인의 〈이반뇌제〉에 나오는 사람 같아요. 아주 맘에 듭니다."

4) "라크의 가스정련소 사진"의 경우

민중계급

A. "처음 보았을 때는 금속 건물 같은데 도대체 무슨 건물인지 모르겠군요. 발전소 건물의 일부 같기도 한데…… 하지만 무엇인지 알 수가 없군요. 미스터리예요."
B. "글쎄요, 정말 골치 아프군요. 도대체 뭔지 알 수가 없어요. 도대체 뭘까요. 그저 불빛이 비치는 것만 알겠어요. 차의 헤드라이트도 아니고요. 이런 식으로 선을 그릴 리 만무하니 말예요. 아래에는 철로나 상품을 들어 올리는 기중기가 보이는 것 같기도 하고 그렇지 않은 것 같기도 하고요. 아무튼 잘 모르겠어요."

C. "전기와 관계있는 것은 분명한데, 그 이상은 도저히 모르겠어요."

중간계급

A. "전혀 흥미롭지 않은데 뭘. 아주 세련됐을 수 있지만 나한테는 전혀 그렇지 않아. 언제 봐도 그 모양이지. 이런 사진을 보면 냉소적이 될 수밖에 없지 뭐."(지방의 상인)

B. "이것이 진짜 사진인지 알아내려고 이리저리 애를 써보았죠. 혹시 몇 개의 선으로 그린 스케치를 복사한 그림이 아닐까요. 사진을 어디다 장식해야 할지 도저히 모르겠어요."(지방의 상인)

C. "사진으로는 맘에 드는데 말끔하게 그려져 있군요. 단순한 선에 불과하지만 나에게는 아주 크게 보이네요. 큰 공사판의 발판인가? 카메라에 잡힌 빛인가?"(파리의 사무원)

D. "이런 식으로 처리하기를 좋아하는 화가는 뷔페(Buffet)인데."

상류계급

"비인간적이지만 묘한 대비 때문에 미학적으로 아름답다."

조사에 대한 결론

부르디외는 문화적 실천에 대한 통계수치를 해석하는 데 주의할 점을 강조한다. 문화적 실천들이 구성하는 전체적인 관계를 해석하는 방식을 찾아야 한다는 것이다. 문화적 실천의 분포를 해석할 때, 그에 따른 계급을 구성할 때, 반드시 2차적 특성들의 관계망을 고려해야 한다. 이것은 문화적 실천과 계급의 특성이 과잉결정 surdetermination되고 있음을 의미한다. 따라서 계급의 문화적 취향을 알기 위해서는 계급 조건(객관적 계급)과 계급 아비투스(동질적인 성향 체계)를 동시에 포착해야 한다. 이러한 목적을 위해서는 변수들의 관계를 알아야 한다. 생산관계상의 위치(직업, 소득, 교육 수준), 성性의 비율, 지리적 공간과 기타 요인 등을 동시에 고려해야 한다.

첫째, 문화취향을 알기 위해서 학력자본과 직업 간의 관계만을 보는 것은 충분하지 않다. 여기에는 직업적 조건, 직업 환경, 직업의 위치 효과 등이 함께 고려되어야 한다. 직업의 조건은 특정한 직업에 접근하기 위해서 요구되는 문화자본의 수준을 의미한다. 직업 환경은 직업에서 감내해야 하는 고통이나 일의 특수성을 의미한다. 직업의 위치 효과는 사회적 정체성과 관련하여 특정한 계급이 일정한 직업을 획득함에 따라서 부수적으로 얻게 되는 사회적 이미지 효과를 의미한다.

둘째, 사회적 궤적 효과를 알아야 한다. 주어진 시점에서 아비투스의 지체 효과에 의해서 행위자들의 특성이 표현되는 경우가 있다. 즉 객관적 계급과 계급 아비투스는 즉각적으로 발현되는 것이 아니라 일정한 시간적 격차를 두고 일어난다. 따라서 행위자가 소유한 최초의 자본과 현재의 자본, 행위자가 사회 공간에서 차지하는 최초의 위치와 현재의 위치 사이에 드러나는, 보이지 않는 관계를 직관적으로 파악해야 한다. 문화적 실천은 자본의 양이나 자본의 구조뿐만 아니라 시간적 변천에 따라서 규정된다. 계급적 차이는 경제자본, 문화자본, 사회관계자본으로부터 유래한다. 이때 경제자본은 소득으로, 문화자본은 학교의 졸업장으로, 사회관계자본은 명예와 존경, 성공하려는 열망 등으로 측정된다. 예를 들어 통계수치로 보아 동일한 경제자본과 동일한 문화자본을 가진 객관적인 위치에 있더라도 상승 이동 중인 개인과 쇠락하는 개인을 비교하면, 이들의 문화적 실천과 가치관의 표현은 크게 다르다(이러한 대립의 가장 전형적인 형태는 중간계급에서 자주 등장한다). 전통과 과거에 대한 생각, 미래에 대한 비전, 직업에 대한 평가 들이 크게 다르다. 이것은 아버지 세대에서 현재로 이어지는 시간의 흐름 속에서 행동의 주체가 사회에 대해 갖는 투자 감각(자신의 직업이 사회적으로 어떤 이익을 가져올 것인가를 판단하는 기준)이 무의식적인 과정을 거쳐 스스로에게 주입되기 때문이다. 주입된 가치관이 계급적 형태로 발현되어 가시적인 계급투쟁으로 드러나지 않는 이유는 그것이 개인의 아비투스로 형성되어 자연스러운 체험이나 취향의 형태로 표현되기 때문이다.

이와 같은 배경을 근거로 부르디외는 다음과 같은 결론을 도출하고 있다.

1) 미적 성향은 작품을 이해할 수 있는 미적 능력과 분리할 수 없다. 성향과 능력은 다른 것이 아니다. 즉 "대상을 미적으로 구성할 수 있는 능력"과 "이미 미적으로 구성되어 있는 대상"은 동전의 앞뒷면처

럼 개인에게 다가온다. 그런데 교육 수준이 높을수록 대상을 미적으로 구성할 수 있는 능력이 높아진다.

예를 들어 임산부, 양배추, 뱀 따위를 사진으로 찍으면 "아름답게 보일 것이다", "재미있다"라는 반응은 주로 상류계급, 특히 문화자본의 비율이 높은 계급에서 많았다. 이들이 사회 내에서 이른바 정통 취향을 구성하는 것이다. 반면, 하층계급의 취향은 사진의 가독성에 기반을 두는 경우가 많다. 즉 사진으로 찍혀 전달될 내용이 분명한 경우에만 미학적 쾌감을 느낀다. 다시 말해 하층계급은 사진의 의도나 기능이 분명히 전달되는 경우에만 반응한다. 민중계급이 양배추, 뱀, 최초의 영성체 등을 사진으로 찍었을 때 가치가 없다고 느끼는 이유는 전달하려는 내용을 잘 모르기 때문이다. "무엇을 의미하는지 이해할 수가 없다"는 식의 반응은 작품 형식의 비상함이나 작가의 솜씨 등에 신경을 쓰지 못하게 만들며, 자신이 해석하지 못하는 기호는 사진으로 재현될 가치가 없다고 느끼게 만든다.

몬드리안의 〈브로드웨이 부기-우기〉라는 그림은 어느 정도 사전 지식이 있는 사람만 이해할 수 있다. 이것은 마치 지노 세베리니Gino Severini의 〈댄스 음악이 지니는 리듬〉이라는 그림을 이해하기 위해서는 음악에 대한 사전 지식이 있어야 한다는 논리와 동일하다.

2) 미적 능력은 정규적인 학습을 통해서 얻어진다. 교육 과정을 통해서 예술 양식에 대한 특징을 알게 되고, 예술적 재현에 필요한 특징적 요소를 알게 된다. 조사 대상자들에게 작품을 보여주고 감상을

묻는 경우 독창적인 양식을 자주 거론하는 것을 볼 수 있다. 독특한 양식이 반복적으로 거론되는 이유는 특정한 스타일을 담고 있는 회화 양식이 전형적인 것으로 인정되어 학교 기관을 통해 보편적으로 교육되기 때문이다. 조사 대상자들의 응답에서 전형적인 작품이 선별되는 이유는 특정한 분류 체계 안에서 특정한 예술작품들이 자주 거론되기 때문이다. 즉 타당한 기준으로 공인되는 특징이 특정한 작품을 통해서 사회적으로 유통되기 때문이다.

3) 미적 성향은 과거와 현재의 물질적 조건에 의존한다. 문화적 성향이 구성되고 발현되는 과정에서 경제적 필요가 크게 작동하지 않을 때 문화자본이 중요하게 기능한다. 예술작품에 대한 순수한 시선(유미주의)은 무사무욕과 밀접하게 연결되어 있는데, 여기에는 반드시 경제적 조건이 뒷받침되어야 한다. 다시 말해 먹고사는 문제에서 비교적 자유로울 수 있을 때 사람들의 미적 취향은 문화자본(가정교육, 학교 교육, 사회적 인맥 등)에 의해서 결정되는 것이다. 어빙 고프먼Erving Goffman은 경제적 필요로부터의 거리를 "역할 거리distance au role"라고 표현한 바 있다. 미적 성향이란 예술작품을 이해하는 생활 양식의 한 형태이다. 여기에는 사회 세계나 타자 등에 대한 일정한 선입견(부르디외는 이것을 "오인된" 형태의 세계관이라고 부른다)이 개입한다. 이를 위해서는 작품으로부터 객관적-주관적으로 거리를 유지할 수 있어야 한다. 이것이 부르주아적 세계 체험의 토대이다.

4) 경제적 조건은 주관적으로도 다른 성향과 연결된다. 경제적 필요로부터의 거리가 늘어날수록 생활양식은 풍부해진다. 부르디외는 여기서 베버를 인용한다(이것이 베버가 언급한 '삶의 양식화'이다). 예를 들어 포도주, 치즈, 시골 벽장의 실내장식 등은 이미 기초적인 삶을 영위하는 사람들이 누릴 수 있는 문화적 혜택이다. 따라서 한 사회에서 무엇이 자유 취향인가를 알기 위해서는 반드시 한 사회 안에서 요구되는 필요 취향이 무엇인지를 알아야 한다.

외양에 대한 취향: 부르디외가 3장에서 서술하고 있는 외양에 대한 조사 결과를 주목해볼 만하다. 외양에 대한 취향은 민중계급의 현실주의(기능주의)/중간계급의 외모에 대한 강조 경향이 서로 대립된다. 직업별로 보면 사무노동자/생산노동자의 대비로 바꾸어 생각해볼 수 있다. 이러한 대립은 캐주얼한 스타일/진지한 스타일, 편안한 몸가짐/정통적 몸가짐 등으로 다시 분화된다. 그런데 이러한 차이는 단순히 개인의 선호에 근거하기보다는 사회적 이해관계가 작동한 결과이다. 예를 들어 직업을 가진 여성이 외모에 대한 배려에서 더 높은 결과가 나타나는데, 이를 통해서 외모에 대한 배려가 사회적으로 이익을 가져다주기 때문이라고 해석할 수 있다. 한편 프티부르주아들은 자신의 신체와 언어를 수줍고, 불편하게 바라본다. 이들은 신체와 언어를 하나의 몸처럼 느끼는 대신 타인의 시선으로 바라보면서 스스로를 감시하고 수정한다. '소유된 대타존재'(사르트르)는 객관적 힘이 아니라 사회적 힘에 의해서 결정된다.

한편 한국 사회에서 외모에 대한 취향은 소비사회론과 식민성이라는 개념을 통해서 분석된 바 있다. 소비사회론은 이윤 창출을 목표로 하는 소비자본주의의 위력이 남녀를 불문하고 인간의 육체를 대상화한다는 점에 착안한 것이며, 식민성은 소비자본주의 모델이 서구 사회로 설정됨에 따라 한국의 정체성이 결국 식민적 정체성을 벗어나지 못했다는 진단에서 나온 개념이다.[1]

함인회는 여성의 육체가 식민화되는 현상을 실증조사하기 위해 백화점, 여성 잡지, 성형수술, 다이어트, 미용에 관한 광고 등을 지표로 설정했다. 몸에 대한 광고는 양적인 측면에서뿐만 아니라 질적인 면에서도 의미 있는 변화를 보인다. 1970년대 고도성장기 진입 이전까지 몸 광고는 아름다움의 기준이 피부에 있음을 강조했고, 피부미용을 위한 연고제 광고가 가장 많았다. 1980년대에 들어서면 성형외과 광고가 등장하기 시작하는데 날씬한 몸매와 건강한 몸매를 등치시키는 경향이 나타난다. 1990년대 후반부터는 본격적인 소비자본주의가 시작되면서 다이어트 광고가 폭발적으로 증가한다. 주목할 만한 것은 식품의 섭취에서 수술과 같은 적극적인 방법을 권장하는 방향으로 광고가 변화한다는 것이다. 특히 여성의 사회적 진출이 활발해지면서 여성의 외모가 시장에서 매우 중요한 자본으로 부각되었다는 것을 강조한다. 이것은 몸이 적극적인 이윤 창출의 대상으로 포착되었음을 의미한다. 이러한 소비자본주의의 이윤 창출 논리는 한국 사회에서 가부장적 문화와 연계되어 남성적 지배를 재생산하도록 만

[1] 함인회, 「1960년대 이후 한국 사회 몸의 '식민화' 현상 연구를 위한 탐색」, 함인회 편, 『한국의 일상 문화와 몸』, 이화여자대학교 출판부, 2007.

든다. 가부장적인 문화는 오랫동안 여성에게 몸이 최고의 자산이라고 가르치면서 여성성의 매력을 몸으로 한정시키는 역할을 해왔다. 그런데 이런 가부장적인 문화가 소비논리와 공모해 점점 더 노골적으로 확대 재생산되고 있는 것이다.

스포츠 취향: 3장에서 분석된 스포츠에 대한 취향도 흥미롭다. 부르디외에 따르면 스포츠에 부여된 의미와 기능이 계급에 따라서 어떻게 차이를 보이는지를 알아야만 취향을 파악할 수 있다. 스포츠 활동으로부터 얻을 수 있는 예상 이익에 대한 지각이나 평가의 차이, 경제적/문화적/신체적 비용의 차이(위험성/체력 소모 등등)를 고려해야 한다. 예를 들어 중간계급은 일상생활에서 금욕주의적 성향을 보이는데, 이것이 스포츠의 선택에서 엄격한 다이어트, 체조, 조깅, 걷기에 대한 선호로 나타난다. 중간계급은 사회적 규범을 맞추려는 윤리적 성향을 갖는 까닭에 타인의 눈에 비칠 자신의 모습에 신경을 쓴다. 그래서 체조를 많이 한다.

집단운동, 신체적 접촉이 많은 운동 등은 민중계급의 운동이다. 고통에 대한 인내, 폭력적 성향, 희생정신, 집단규율에 대한 순종과 복종 들은 지배계급과 잘 맞지 않는다. 그래서 민중계급은 축구, 럭비, 레슬링, 복싱을 좋아한다. 반면 지배계급은 골프, 테니스, 요트, 승마, 스키, 펜싱 등을 즐긴다. 지배계급은 전용 장소에서, 본인이 선택한 시간에, 혼자서, 선택된 파트너와 함께하는 운동을 선호한다. 체력 소모는 적고, 체력 소모량도 스스로 결정할 수 있다. 기법을 배우려면 상당한 시간이 필요한 운동을 선택한다. 여기에는 페어플레이라는 의식화의 수준이 엄격하게 요구되는데, 이것은 통제된 인간관계의 양상(큰 소리를 내거나, 거친 동작을 할 수 없다)을 드러냄으로써 자연스럽게 고급 취향의 분위기를 만들어낸다.

특정한 시점에서 지배계급 안의 각 분파들이 선정한 스포츠의 분포 상황을 보면 무의식 속에 깊숙이 은폐되어 있는 육체적 도식에 대한 사회적 관행을 알 수 있다. 스포츠 활동은 남녀 간의 대립, 계급 간/계급 내의 분파 간의 대립을 표현한다. 행위자들은 자신의 아비투스 경향에 몸을 맡기면서 자신도 모르는 사이에 그에 상응하는 다양한 실천에 들어 있는 의도를 받아들이게 된다. 특정 시점에서 계급적 분류 체계와 사회적 차별화의 성향을 인정하는 것이다. 따라서 무의식중에 특정 계급의 신체와 어울리는 스포츠를 선택하며, 이것은 사회에 대한 가치관과 밀접하게 연결되어 나타난다. 예를 들어 지배계급은 귀족적인 기품과 잘 어울린다고 판단하여 스타일, 동작과 보폭의 풍부함, 절도 있고 안정된 템포 등을 선호한다.

5) 미적 취향은 계급을 구분한다. 미적 취향은 사회적 공간 안에서 특정한 위치에 있는 사람들을 다른 사람들과 분류해주는 변별적 특징이다. 즉 개인의 미적 취향은 사회적 취향이다. 취향이야말로 인간과 사물, 인간과 인간 사이의 관계를 구분하는 가장 기초적인 원리이다. 생활양식을 두고 좋음/싫음의 선호를 구분하는 것이 집단적 정체성을 나누는 기준이 된다. 현대인의 결혼 취향이 그 대표적

인 예이다. 부유층 간의 결혼이 점점 많아지는 반면, 빈곤층 여성과 부유한 집안의 남성이 결혼하는 경우는 점차 희박해져간다. 현대 사회에서 신데렐라 콤플렉스는 현실적으로 불가능한 자기연민이 되어가고 있다.

계급적 취향은 세 가지로 분류될 수 있다. 부르주아 계급은 유미주의적 취향, 중간계급은 절충주의적 취향, 민중계급은 스타일을 무시하는 대중 취향을 갖는다. 이것은 각 계급이 추구하는 대상이 달라짐에 따라 미학적 취향의 발현 정도가 달라지기 때문에 나타나는 현상이다. 부르주아 계급의 취향은 경제적 풍요로움에서 유래하며, 중간계급의 취향은 탁월해지고 싶은 욕망에서 시작되고, 민중계급의 취향은 필요로부터의 거리(즉 경제적 빈곤)에 근거한다. 이렇게 보면 미적 취향은 경제, 문화, 심리적인 요인들이 복합적으로 작용하여 구성되는 것이다.

음악의 예를 보면, 부르주아 계급의 취향(정통적 취향)과 민중계급의 취향(대중적 취향)이 어떻게 다른지 알 수 있다. 부르주아 계급은 설문지에서 좋아하는 음악으로 주로 〈평균율 피아노곡집〉과 〈왼손을 위한 피아노 협주곡〉을 꼽았고, 알고 있는 작곡가로서 조르주 게타리, 브람스를 선택했다. 반면 민중계급은 〈스트라우스의 왈츠〉, 〈칼의 춤〉 그리고 페추라 클라크와 레오 페레를 들었다. 부르주아 취향의 음악들은 가정에서 오랫동안 피아노 수업을 받지 않았다면 알 수 없는 전문적인 피아노곡들이다. 또 작곡가의 이름도 특정 분야에 전문성을 띤 사람들이다. 반면 민중계급의 취향은 대중매체를 통해서 누구나 쉽게 접할 수 있는 음악들을 좋아하며, 작곡가의 이름도 매우 대중적인 인물들을 선택하고 있다. 다시 말해 특별히 음악 교육을 받지 못한 사람들이 전형적으로 좋아하는 유행음악과 작곡가들을 선호한다.

중간계급의 취향은 분석하기가 까다롭다. 그 이유는 통상적으로 중간이라는 집단적 정체성이 경제적 자본만을 기준으로 정해지는데, 여기에 시간 개념이 도입되면 과거와 현재의 삶의 형태에 일정한 연결성을 찾을 수 있기 때문이다. 그런데 보통 사회 통계에서는 과거의 모습이 나타나지 않아 중간집단에서 보이는 상반된 응답의 결과를 두고 고민하지 않을 수 없다. 예를 들어 과거에 부유했던 사람들이 현재에 상대적으로 가난하게 된 경우와 반대로 과거에는 빈곤했지만 현재에 상대적으로 부유해진 사람들은 중간집단에 속한다는 점에서는 같지만, 시간의 궤적을 놓고 볼 때 서로 다른 기억을 가지고 있으며, 따라서 상이한 응답을 할 수가 있다. 그러므로 "상승하는 프티부르주아"/"하락하는 프티부르주아"로 중간집단의 속성을 분류하고, 이들의 미적 취향이 대립되는 현상을 관찰하는 것이 필요하다. 상승하는 프티부르주아들이 "세련되다/고귀하고 교양이 있다/예술적이다/환상적이다"라고 표현한 경우를 두고 하락하는 프티부르주아들은 이러한 선호에 반대되는 선택을 한다. 한편 신흥 부르주아들은 미적 표현을 통해서 자신의 상승 의욕을 드러낸다. 동일한 논리로 고등교육기관을 졸업한 사람들이 사진이나 그림을 해석하는 데 유연한 자세를 보이는 이유는 보편주의적 시선을 가져서라기보다는 자신을 탁월하게 보이기 위한 과시욕이 있기 때문이다.

6) 학교 교육은 취향에 질서를 부여한다. 다양한 미적 취향에 질서를 부여하고 체계적인 담론의 수준으로 미적 기준을 결정한다. 즉 학교는 의식적인 표현 수단을 제공하고 취향을 지배하는 실제적인 원리에 상징적인 지배 수단을 제공한다. 마치 문법을 알아야 외국어를 구사할 수 있듯이 학교 제도를 거쳐야 미적 취향을 설명할 수 있는 공식 언어를 습득할 수 있다. 부르디외는 현대 자본주의 사회에서 학교가 개인들의 아비투스를 사회적 아비투스로 변환시키는 중요한 기제라고 주장하며, 이러한 변화의 과정에서 계급적 '구별 짓기' 효과가 발생한다고 설명한다. 이때 구별 짓기의 효과는 단순히 미학적 판단에 그치는 것이 아니라, 몸을 유지하는 방법, 말투, 걸음걸이 등과 같은 개인의 일상생활에까지 영향을 준다. 예를 들어 프랑스에서는 특정한 학교를 졸업한 사람들은 그들의 말투만으로도 금방 식별할 수 있는 경우가 있다. 이것이 일종의 엘리트 의식을 형성하는 바탕이다. 그랑제콜grandes écoles이라는 학교는 프랑스의 상류계급만이 진학할 수 있는 특수학교이며, 이 학교를 졸업한 학생들이 프랑스의 행정과 재계를 지배한다. 그들에게는 독특한 신체적·미학적·정신적 특성이 나타나는데 이것이 프랑스 엘리트들의 아비투스, 즉 "귀족국가Noblesse d'État"(이 단어는 부르디외가 1989년에 발표한 책의 제목이다) 정신을 만들어내는 것이다.

7) 취향은 이데올로기 역할을 한다. 문화 취향의 차이는 개인의 본성으로 설명되는 것이 보통인데, 이러한 이유로 차이는 마치 개인적이며, 자연적인 것으로 오인된다. 이 과정을 통해서 경제적·계급적 차이가 은폐되는 것이다. 그러나 실제로 문화에 대한 취향의 차이는 문화 획득의 차이에서 유래하는데, 출신 가정과 학교가 중요한 역할을 한다. 이것은 문화가 이데올로기 지배를 전달하는 매개체라는 사실을 웅변하는 것이다.

부르디외 이전에 문화와 이데올로기의 상관관계를 강조한 학자는 아도르노Theodor Adorno이다. 그는 문화산업 비판을 통해 상품 생산, 상품 소비 과정에서 이데올로기가 어떻게 만들어지고 사회적으로 효과를 발휘하는지 분석한 바 있다. 그에 따르면 상품 생산의 형식과 수용 방법에 따라서 그에 상응하는 의식과 생활양식이 만들어지며, 소비자들을 획일화하는 것이 자본주의 상품사회의 특징이다. 그는 대중들을 지배하는 이데올로기의 감추어진 진실을 파헤치는 데 큰 공헌을 했으며, 이러한 이론적 토대는 1960년대 문화 비판으로 발전되는 계기가 되었다. 아도르노의 문화산업론을 계승한 대표적인 학자는 마르쿠제이며, 『일차원적 인간』이 그의 대표작이다.

그런데 부르디외의 구별 짓기 이론은 아비투스 개념을 강조하면서 자본주의 사회의 이데올로기가 상징적 차원에서 은폐되고 있다는 점을 밝힌 점에서 프랑크푸르트학파의 전통과 다르다. 그는 상품 소비가 소비자들의 무의식을 지배하고 있기 때문에 이데올로기적 과정이 쉽게 포착되지 않은 점을 강조한다. 사실 지배계급의 고급 취향이 정통 취향으로 인정받을 수 있는 이유는 지배계급이 장악하고 있는 물질적 지배 도구 덕택이며, 이것이 바로 이데올로기의 근거이다. 그럼에도 불구하고 이러한 사실이 지속적으로 은폐되고, 취향은 본성적이고 자연스럽게 획득되는 것으로 간주된다. 결국 부르디외가 『구별짓기』를 통해 말하는 바는 취향(아비투스)이 사회적 구조와 개인적 실천 사이에서 이데올로기 효과를 발휘하는 데 중요한 매개체라는 사실이다. 그런데 이때 이데올로기란 불평등의 은폐와 위장, 재생산을 지칭하는 포괄적인 개념이다.

8) 신분(출신 성분)은 매너의 차이로 드러난다. 신분을 통한 최초의 문화적 자본은 식사 예절, 대화술, 음악적 소양, 예의범절, 테니스 치는 법, 억양 등과 같은 문화적 기술을 배우는 과정에서 얻어진다. 즉 상류계급의 구성원들은 이러한 문화적 기술을 조기에 습득함으로써 사회적으로 유리한 위치에 서게 된다. 왜냐하면 이러한 매너들이 사회적 권력을 표시하는 척도가 될 수 있기 때문이다. 다른 계급들이 부르주아 문화를 감히 흉내 낼 수 없는 이유가 바로 여기에 있다. 교양과 매너가 몸에 배어 있지 않으면 부르주아 계급이 될 수 없는 것이다. 교양과 매너를 익히는 데는 오랜 시간이 필요하다. 이러한 매너는 사회적 성공과 직결된다. 프랑스의 학교 제도에서는 시험이 대부분 인터뷰로 진행되는데, 이때 학생들의 말투나 어휘 사용 습관들은 채점관에게 학생의 계급적 위치를 알리는 중요한 지표가 될 수 있기 때문이다. 상류계급의 매너는 바로 사회적으로 정통 취향으로

인정되며, 이것이 입학시험을 통과하거나 관료로 성공하는 데 중요한 역할을 하는 것이다.

음악 취향의 경우: 부르디외는 음악만큼 계급적 특성을 나타내는 지표가 없다고 강조한다. 부르주아 가정에서는 어린 시절부터 오랫동안 음악 교습을 받는데, 이것은 중간계급이나 하층계급이 음반을 통해서 음악을 듣는 경우와 달리 고급 취향을 만들어낸다. 상류계급이 〈왼손을 위한 피아노 협주곡〉을 선호하는 이유가 여기에 있다. 이곡은 피아노를 연주하는 사람들에게는 매우 중요하고 전문적인 곡이다. 반면에 〈평균율 피아노곡집〉과 〈푸가의 기법〉은 출신 성분보다는 학력자본과 더 밀접한 관계가 있다. 따라서 예술적 취향을 계급적으로 분류할 때 학교와 출신 성분을 구분하는 것이 매우 유용하다. 〈평균율 피아노곡집〉, 〈왼손을 위한 피아노 협주곡〉 따위들에 대해 상층계급이 높은 선호를 보이는 이유를 알기 위해서는 특정 작품에 대한 상층계급의 의견 형성 과정을 밝혀내야 한다. 예를 들어 작곡가의 사회적 이미지, 이 곡을 연주할 때 동원되는 악기의 이미지(현악기의 날카롭고 격렬한 이미지) 등이 중요하다. 또 작품을 수용하는 방식도 고려되어야 한다.

한편, 한국의 경우에 음악에 대한 취향은 다음과 같은 요인에 의해서 결정되는 것으로 조사된 바 있다.[2]

첫째는, 계급 대신 연령이나 성 같은 인구학적 변인이 중요하게 나타났다. 특히 연령은 민속음악, 트로

[2] 양종회, 「문학적 취향의 분화와 계급: 음악장르를 중심으로」, 《한국사회학》 제43집, 5호, 2009년 참조.

트/뽕짝, 발라드/포크/컨트리, 힙합/랩/댄스음악, 클래식의 선호에 영향을 주는 중요 변수이다. 따라서 민속음악, 트로트/뽕짝, 클래식의 경우는 연령이 높을수록 선호도가 높으며, 반대로 발라드/포크/컨트리, 힙합/랩/댄스음악의 경우는 연령이 낮을수록 선호도가 높아 연령에 따른 음악 장르의 선호가 비교적 분명하다. 성별 취향의 변화도 비교적 분명하게 드러난다. 트로트/뽕짝은 여성보다 남성이 좋아하는 음악이고, 발라드/포크/컨트리, 종교음악은 여성이 좋아하는 음악이다. 응답자의 학력과, 아버지의 학력, 그리고 문화예술 교육 경험으로 측정한 문화자본도 음악적 취향의 분화에 중요한 요인으로 밝혀졌다. 즉 트로트/뽕짝 같은 전형적인 대중음악의 경우는 문화자본이 많을수록 선호도가 낮은 반면, 클래식, 재즈/블루스, 힙합/랩/댄스음악의 경우는 문화자본이 많을수록 선호도가 높다. 여기서 주목할 것은 아버지의 학력이다. 응답자의 아버지가 경제적으로 발전하고 교육 기회가 풍부한 시대에 자란 경우와, 소수만이 교육을 받을 수 있었던 시대에 교육을 받은 경우로 분류해보면 이러한 두 차이에 따른 음악 선호도의 분화가 더 크고 분명하다.

둘째로, 흥미로운 사실은 한국에서 개신교의 영향이 음악 취향을 결정하는 중요 변수라는 점이다. 개신교는 다른 종교와 비교할 때, 트로트/뽕짝, 발라드/포크/컨트리 같은 음악은 배격하고 종교음악을 특히 선호하는 것으로 나타났다. 실제로 종교음악을 선호한다고 응답한 사람의 90퍼센트가 개신교였다. 배타적인 종교인 기독교가 우리나라에서 점점 더 영향력이 커짐에 따라서 문화적 취향에도 그러한 경향이 반영되는 것으로 보인다.

셋째, 인터넷 사용 여부는 트로트/뽕짝에는 부정적으로, 그리고 발라드/포크/컨트리 음악에는 긍정적인 영향을 주는 것으로 나타났다. 이러한 연구 결과를 종합해본다면, 한국에서 음악적 취향에 영향을 주는 것은 응답자의 학력, 아버지의 학력, 문화예술 교육 경험으로 밝혀졌다.

가구 취향의 경우: 가구를 비롯한 집 안의 인테리어 형식은 집안의 고유한 언어와 같다. 이러한 형태를 통해서 오랫동안 한 집안에서 지속되어온 부에 대한 과시욕, 자신감 등이 잘 나타난다. 이것은 전통적인 부자/벼락부자의 차이도 보여준다. 고급스러움/휘황찬란함 등의 대비를 통해서 표현되듯이 가구의 형식과 배치는 계급 속에 숨어 있는 전통의 역할을 설명한다. 가구를 구입하는 장소를 두고도 가정의 전통을 알 수 있다. 백화점(민중계급, 중간계급)과 가구전문점(상류계급)의 대비를 통해서 알 수 있듯이 가구의 획득 과정은 집안에서 이루어진 문화자본의 획득 과정과 밀접하게 연결된다. 이러한 원리는 음식, 의복에도 적용된다. 이 분야의 취향이야말로 출신 성분을 가장 잘 나타내주는 지표이다.

한국 사례의 경우는 조은 교수의 연구를 참조할 수 있다.[3] 전문직(의사, 금융컨설턴트, 국영기업 간부, 방송국 PD), 중소자본가(건설업자, 소금공장 운영자, 신발제조업자, 인쇄소 경영자), 자영업(인삼가게 주인, 개

[3] 조은, 「문화자본과 계급 재생산: 계급별 일상생활 경험을 중심으로」, 홍성민 편, 『문화와 계급』, 동문선, 2002.

인택시 운전사, 레미콘 운전사, 카센터 주인), 노동자(철공기술자, 행상, 일용건설 노동자, 일용잡부)의 4계급 분류에 대한 질적 인터뷰 조사 연구에 따르면 다음과 같은 특징을 보인다.

전문직의 경우는 거실에 유명 화가의 그림이 걸려 있으며 그림을 그린 화가와의 친분을 과시하는 경향이 있다. 또 집 안 내부를 설명하고 벽의 그림이나 가구 배치 등을 화제에 올리곤 한다. 중소자본가의 경우는 재산 규모에서는 전문관리직을 능가하지만 집 안 내부를 꾸미는 경우는 그리 흔하지 않다. 대부분 "바빠서 실내장식 같은 것에는 신경을 못 쓴다"라고 말한다. 간혹 값비싼 전기기구나 초대형 신형 텔레비전 등으로 실내장식을 채운 경우가 있으나 내부를 잘 꾸미지는 못했다. 한편 자영업자나 노동자 가족들은 집에 대해서 이야기를 하면 내부나 실내장식이 아니라 어떻게 집을 장만했는지, 그리고 집 때문에 얼마나 고생했는지가 중요한 내용이 된다. 자영업의 경우는 집을 꾸밈의 대상이라기보다는 주요한 소득원의 일부로 간주하는 경향이 있다. 예를 들어 주택들이 대부분 2, 3층으로 구성되어 있는데, 주인이 1층이나 3층에 살고 2층 또는 2, 3층은 세를 놓는다. 또 노동자들은 모두 세를 살아본 경험이 있으며, 어떻게 집을 장만하게 되었는지가 가장 중요한 이야깃거리가 된다. 시골에서 올라와 셋집을 전전하며 20년 만에 집을 장만한 경우 2층 집이지만 1층은 세놓고 2층과 옥탑방을 쓴다. 단독주택을 소유한 노동자의 경우는 1층과 2층은 모두 세를 주고 정작 주인은 지하에서 사는 경우도 있다.

이러한 연구를 통해서 잠정적으로 내릴 수 있는 결론은 거주 양식은 경제자본과 관계가 깊으며, 쉽게 사회자본이나 상징자본으로 전환될 수 있다는 점이다. 전문관리직의 아들 중 하나는 "아무래도 동네가 그래서 친구들도 비슷하게 잘사는 친구들"이라고 스스럼없이 말한다. 또 금융컨설턴트의 작은딸은 강남에 살다 일산으로 이사를 왔는데 '문화가 달라' 다시 강남으로 가자고 조른다고 말한다. 대학병원 의사의 딸은 대학에 입학한 뒤로 같은 아파트 단지에서 중고등학교를 함께 다닌 친구를 "오빠 친구들한테 소개시키기 바쁘다"라고 말한다. 이러한 차이는 주거 양식이 물적 조건이 아니라 상징자본이나 문화자본, 그리고 사회자본이라는 사실을 확인시키는 것이다.

음식 소비의 경우: 음식에 대한 취향을 결정할 때 소득은 필요의 거리를 측정하는 데 유용하지만, 개인의 호/불호를 결정하는 결정적인 요인은 아니다. 음식 취향을 알기 위해서는 유년기부터 진행되어 온 사회적 존재 양태의 모든 특징을 고려해야 한다.

사치 취향(자유 취향)은 '필요로부터의 거리'에서 자유로울 수 있는 취향이다. 자본 소유가 보장해주는 용이함 덕분에 가질 수 있는 상층계급의 특권이다. 반면 필요 취향은 생존에 적응하는 과정에서 본 모습을 드러낸다. 다른 양식과 맺는 박탈 관계에 의해서만 규정되는 즉자적 의미의 생활양식 원리를 구성한다. 필요 취향의 대표적인 예는 살찌는 음식, 포도주처럼 통속적인 음식에 비용을 많이 지출하지만, 의류나 화장품, 미용에 대해서는 지출이 적은 경우이다. 이러한 사람들의 특징은 대부분 휴식을 즐기는 법을 모른 채 살아간다는 점이다.

동일한 필요 취향을 나타내는 노동자 계급 내에서도 약간의 차이가 나타난다. 예를 들어 생산노동자/사무노동자의 구분선이 경계인데, 사무노동자는 유제품의 소비를 절제하는 대신 저지방 육류 소비가 많고 생선, 과일, 아페리티프(식전에 마시는 술)는 더 많이 소비한다. 이러한 현상은 가난한 자/부자, 보통 식사/진수성찬, 칼로리가 많고 무거운 음식/가볍고 세련된 음식 등의 형식으로 취향의 대립 구도를 형성한다. 또 신체에 미치는 음식물의 효과에 따라서도 취향이 결정된다. 예컨대 힘/형태, 돈 값을 하는 식당/격조 높은 레스토랑으로 분류된다. 각 계급의 신체적 특징은 사회적 분류 체계를 통해 파악된다.

한편, 먹는 방식에 따라서도 음식 취향이 결정된다. 솔직한 식사(대화법)/형식을 갖춘 식사(대화법)와 같은 분류가 가능한데, 이것은 문화 전반에 걸친 상류층과 하류층의 대립된 취향 구조를 그대로 반영한다. 예를 들어 상류층은 조심스러운 말투, 날씬한 몸매, 우아한 의상, 세련된 식사를 선호하는데, 하류층은 거친 말투, 건장한 몸매, 편안한 복장, 게걸스러운 식사를 선호하는 것으로 나타난다. 이것은 남녀 간의 대립 구도로 확장되기도 한다. 남성들은 생선보다는 고기를 좋아한다. 생선은 먹기가 불편하며 여성적인 섬세함을 요구하기 때문이다.

한국의 사례 분석은 많지 않고, 이론적인 수준에서 세계화의 영향을 거론한 논문들이 약간 있을 뿐이다.[4]

4 박상미, 「맛과 취향의 정체성과 경계 넘기: 전 지구화 과정 속의 음식문화」, 《현상과 인식》, 2003.

특히 한국에서 음식 문화와 관련하여 중요한 쟁점으로 떠오르는 주제는 이른바 맥도날드제이션 현상이다. 대표적인 패스트푸드점인 맥도날드나 고급 커피점의 대명사라고 할 수 있는 스타벅스의 번성이 전형적인 사례이다. 이와 같은 초국적 기업이 한국에 진입해 한국인에게 소비되는 방식에서 일정한 계급적 차별 효과를 나타내는 것은 분명하다.

예를 들어 강남의 주요 지역과 신도시에 고급 커피점이 생겨나면서 음식 소비의 형태를 변화시키고 이것이 다시 삶의 차별 효과를 초래하는 것이다. 더구나 맥도날드나 스타벅스 같은 회사는 서구 문화를 제3세계에 전파하는 역할을 하고 있다. 따라서 햄버거나 커피를 마신다는 것은 미국적인 정신을 받아들인다는 것을 의미하기도 한다. 이러한 과정에서 합리적인 것에 대한 가치판단이 바뀌고, 민족적 정체성에 커다란 변화가 오는 것이다. 한국에서는 음식을 통한 국제화가 새로운 식민성과 관련하여 집중적으로 연구되어야 할 주제이다.

9) 취향은 투자 감각과 관련된다. 문화적 취향과 실천은 투자 감각에 의해서 훈련된다. 문화적 취향은 객관적으로 투자 감각을 가진 사람이 일정한 이윤을 낳을 수 있는 기회를 더 많이 얻도록 길러지기 때문이다. 다시 말해 현대 자본주의 사회에서는 소비 행위가 경제 주체의 상품 구매 행위에 그치기보다는 상품을 통해서 사람들과 관계를 맺고 이로부터 일정한 이윤이 창출되는 과정으로 나타난다. 이때 정

통문화에 익숙한 사람들이 사회에서 더 많은 이윤을 얻게 되는 것이 자본주의 사회의 특성이며, 이러한 과정을 거쳐서 상류계급과 하층계급 간에 구별 짓기 효과가 생겨난다.

투자 감각이라는 말은 경제적 이윤뿐만 아니라 심리적 이해관계를 지칭하는 말이다. 왜냐하면 정통문화를 선호하는 감각이 매우 순수한 예술적 취향으로 인정되어 자연스럽게 사회적으로 이윤을 얻기 때문이다. 예를 들어 정통예술 양식(서양화, 동양화)에 비해서 대중적 게임들은 그동안 사회적으로 천대받는 문화였다. 더구나 대중 게임의 가격이나 이 분야에 종사하는 사람들의 임금이 정통문화에 비해서 상대적으로 낮다는 사실이 사회적으로 당연한 것으로 받아들여져 왔다.

부르디외는 총자본의 크기(경제자본+문화자본)와 자본의 구조(경제자본과 문화자본의 비율) 그리고 자본의 조합을 고려해서 수직적 차원과 수평적 차원으로 4차원의 사회적 공간을 만들고, 이러한 공간에서 사회 계급의 분화가 이루어진다는 것을 보여준다. 이때 경제자본은 소득으로 환산될 수 있지만, 문화자본을 어떤 개념으로 환원할 수 있을지는 논란의 여지가 많다. 사회학에서는 '사회화 과정에서 습득되어 오랫동안 지속되는 성향과 습관'으로 규정하며, 대표적인 문화자본으로는 가정교육, 공식적인 학교 교육, 계급 이동 경로 등을 거론한다.

한국의 사례를 연구한 논문에 따르면[5] 소비 형태에 가장 큰 영향을 주는 요인은 소득과 주택의 소유

[5] 장미혜, 「문화자본과 소비양식의 차이」, 《한국사회학》, 제35집, 3호, 2001.

여부였다. 그러나 문화생활 영역과 같은 일부의 소비 영역은 문화자본이 큰 영향력을 행사한다. 예를 들어 의복이나 음식, 주택의 인테리어를 선택하는 데는 경제자본이 큰 영향을 발휘하지만, 음악, 여가 형태를 선택하는 데는 문화자본이 중요한 영향력을 행사한다. 그런데 이러한 문화자본의 영향력은 연령에 따라서 차이가 발생한다. 예를 들어 나이가 든 세대에는 부모의 문화자본이 큰 영향을 주지 못한 반면 오십대 미만의 비교적 젊은 세대에게는 부모의 문화자본이 큰 역할을 한다.

이러한 연구 결과는 한 계급 구성원의 소비 양식을 결정하는 취향이 단기간에 형성되는 것이 아니라 일생 동안 여러 단계의 사회화 과정을 통해 습득된다는 것을 보여준다. 또한 한국 사회에서는 부모의 문화자본보다는 본인의 문화자본이 보다 강력한 영향력을 갖는 것으로 나타났다. 그 이유는 한국 사회의 구성원들 대다수가 본인의 생애에서 상승 이동을 하면서 새로운 문화자본을 취득하기 때문이다. 이것이 서유럽 사회와 한국 사회의 큰 차이점이다. 서유럽 사회에서는 상류층의 정통 취향이 오랜 세월을 두고 형성된 것이며, 이를 습득하는 과정이 주로 가정교육을 통해서 이루어지는 반면, 한국 사회에는 아직 전통적인 상류계급이 존재하지 않으며, 매우 급격한 계급 변동이 발생하는 상황이어서 사회적으로 공인된 정통 취향이 성립되지 않았다.

10) 문화적 능력은 사회적 시장에서 더 많은 이윤을 내기 위한 투쟁

이다. 동일한 문화적 실천이라도 장이 달라지거나, 장의 형성 방식이 달라지면, 혹은 대립적인 의미의 관계가 변화하면, 그 의미가 달라진다. 측정 조건 자체를 문제시하는 경우에만 다양한 관계들의 상대적 강도를 설명할 수 있다. 설명 요인들은 특정한 장에서 효력을 발휘하며, 이것은 각 장에서 자신의 문화적 실천을 통해 더 많은 이익을 얻어내기 위한 권력투쟁과 다르지 않다. 문화를 둘러싼 일상의 모든 실천들은 궁극적으로 문화적 가치를 규정하는 가치의 형성 메커니즘을 극대화시키는 데 집중된다.

문화가 계급을 재생산한다는 논리는 부르디외가 현대 사회를 분석하면서 늘 강조하는 부분이다. 특히 유럽에서 지배계급은 학교를 통해 계급 재생산에 성공하고 있다. 문화적 취향의 형성 과정도 결국은 학교라는 공인된 국가기관이 규정하고 전파하는 이데올로기이다.

학교를 통해서 계급이 재생산되는 방식은 한국에서도 비슷한 논리로 설명될 수 있다. 근대화를 경험하면서 한국 사회도 점차 개인을 평가하는 기준이 신분적 질서에서 성과 위주의 기준으로 바뀌어 간다. 이때 일정한 학력 자격을 취득하는 것은 성과지표에 중요한 기준이 된다. 따라서 한국 사회에서 대학 교육은 세대 간 계급 이동과 계급 재생산을 분석하는 데 매우 중요한 대상이 된다. 한편 1970년대 이후 한국에서는 대학의 수가 폭발적으로 증가하면서 성인 인구 중 대학 졸업자 수가 획기적으로 증가하는데, 이때 교육 기회의 팽창이 모든 계급에게 공평하게 이루어졌는지를 파악하는 것이 계급 재생산의 정도를 평가하는 데 중요한 자료가 될 것이다. 부르디외가 분석한 프랑스의 경우는 상층계급이 하층계급에 비해 보다 좋은 교육을 받고, 보다 우수한 대학에 진학하여 부모의 상층계급을 이어받는다.

그렇다면 한국의 경우는 어떠한가? 흥미로운 연구 결과가 있다.[6] 한국 사회에서도 교육 기회가 확대되었지만 계급 간 불평등은 완화되지 않은 것으로 나타났다. 그런데 계급 간 교육 기회의 불평등이 문화적 자본과 연결되어 학생들의 학업 성취도에 영향을 주는 것으로 밝혀졌다. 이것은 문화와 계급의 불평등을 설명하는 중요한 근거이다. 대체로 한국에서는 학업 성적은 개인 능력과 성실성의 반영이며, 학교는 자유주의 사회에서 누구에게나 평등하게 보장된 자아실현의 장이라고 선전되지만, 실상은 그와 다르다는 점을 연구 결과가 나타내주고 있다.

물론 한국의 대학은 학생 선발을 교과 과정이 끝날 무렵에 실시하는 데다, 모든 학생들에게 통일된 교과 과정을 적용해 국가 권력의 영향이 압도적이라는 점에서 프랑스의 경우와는 많이 다르다. 따라서 문화자본이 학생들의 학업 성취도에 영향을 주는 경로 또한 다르다. 그러나 그 영향력 자체를 무시할 수 없다는 것이 연구 결과이다. 예를 들어 어릴 때부터 독서 습관을 들이고 인지 능력을 키우는 교육을 받은 상류층 학생들이 대학 입학시험에서 뛰어난 성적을 획득해 서울의 명문대에 진학하는 비율이 다른 계급에 비해서 뚜렷하게 높았다. 이렇게

[6] 장미혜, 「사회계급과 문화적 재생산」, 《한국사회학》, 제36집, 4호, 2002.

본다면 문화자본은 단순히 예술을 감상할 수 있는 취향만을 의미하는 것이 아니라, 학교생활에 적응하고 학업 진도를 역동적으로 따라갈 수 있는 성취 동기 등을 포함하는 것이다. 물론 한국에서는 이러한 문화자본이 부모의 경제력과 맞물려 사교육을 조장하고, 경쟁문화를 과열시키는 것이 문제이긴 하나 그 결과로 대부분의 상류층 학생들이 상위 서열의 대학에 진학하고, 그 자격을 기반으로 더 많은 이윤을 획득하는 과정을 공고히 하고 있다. 이러한 맥락에서 한국 사회에서도 지배문화가 학교를 통해서 재생산된다고 말할 수 있는 것이다.

3장 　　계급의
　　　　분류와
　　　　특성

부르디외는 『구별짓기』 5장, 6장, 7장에서 각각 지배계급, 중간계급, 민중계급을 나누어 설명하고 있다. 이 장에서는 각 계급의 분류와 특성을 뭉뚱그려 정리하고 한국의 계급적 특성과 비교해보고자 한다. 한편, 『구별짓기』 2장은 사회 변동과 계급 변동의 상관관계를 논하고 있는데, 이것을 한국 상황에 적용해보면서 우리의 현실 문제를 이해하는 데 도움을 얻고자 한다.

지배계급: 차별화의 감각

지배계급은 그 분파 안에서 경제자본과 문화자본의 구성 비율을 근거로 두 계급 분파의 대립관계를 형성한다. 대표적인 사례가 경제자본이 우세한 상업 경영자와 문화자본이 우세한 교수(예술가) 분파의 대립 구도이다. 이와 같은 극단적인 대립 속에서 중간을 점유하는 분파들이 자유업, 관리직, 상급기술자로 분류된다. 이들의 위상을 결정하는 데는 수입, 자격증, 출신 계급, 연령뿐만 아니라 아버지의 직업도 중요하다. 계급의 위상을 결정할 때 시간을 고려하면 지배계급 안에서 각각의 계급이 분포되는 양상이 달라지는 것이다. 이때 상속자본의 구조(횡축)와 사회적 궤적(종축)―부르주아의 연륜―이라는 두 축을 설정해 문화적 차이점들을 중심으로 지배계급의 분포를 사회적 공간 위에 그려볼 수 있다.

결국 자본의 소유 여부가 계급을 결정하지만, 권력의 장을 구성하는 세력 관계에서 계급의 위치를 결정하는 것은 자본의 분포라는 것이다. 다시 말해 자본의 분포(출신, 재산, 재능, 경제자본, 학력자본)는 계급의 위치를 결정하는 권력의 수단이다. 그런데 시점에 따라서 전략들이 바뀌며 계급의 위계질서를 결정하는 변별 기호가 달라진다. 이러한 맥락에서 보면 계급 간의 권력투쟁의 목표를 결정하는 것 자체가 사회적 투쟁의 중요한 관건이 된다. 취향의 변화는 지배계급의 지배분파 안에서 전개되며 이것은 지배계급의 세계관과 가치관을 결정한다.

1) 상업 경영자들은 음악 선호도에서 〈아름답고 푸른 도나우 강〉을 선택했고, 가수 이름을 묻는 설문에서는 조르주 게타리와 페추라 클

라크를 꼽았다. 또 가구 선택의 기준으로는 '관리하기 쉽고 실용적인'을 선택했고, 대인관계에서의 중요한 기준으로는 '성실하고 온건한 사람'을 꼽았다. 이들은 문화적 취향의 표현 방식에서 정통적인 부르주아 계급인 공업 경영자와 가장 대립되는 특성을 나타낸다. 한편, 이들은 저녁 공연에 참석하는 것을 통해 사치를 과시하려고 한다. 외출을 위해 가장 좋은 정장을 구입해 차려입고, 최고급 극장에 가서 가장 비싼 좌석을 구입한다.

한편 이들은 훌륭한 상점을 선택하듯 연극을 선택한다. 즉 고전적인 극작가나 거장이 연출한 작품을 선택해 연극을 관람한다. 완벽한 연극 연출자들을 선호하고 연극의 내용도 매우 건강성이 넘치는 것을 선택하는 경향이 있다. 이로 인해 그들은 자신이 균형 잡힌 관객이라는 자부심을 과시한다. 연극은 결국 '모든 사람들이 서로에게 제시하는' 문제들만을 제시해서 '오직 익살과 가라앉히기 힘든 낙관주의'만이 그러한 문제들에 대한 탈출구가 될 수 있다고 믿기 때문이다.

상공업 경영자들은 버라이어티 쇼나 무역 전람회에 자주 가며, 코냑과 별장 등을 소유하려는 경향이 있다. 이것은 고급품을 전유할 수 있는 능력을 통해서 개인의 자질을 보이려는 전략의 일부이다. 능력+시간+개성을 통해서 자신의 계급적 우월감을 나타내려고 한다. 대표적인 예가 바로 예술작품의 구매이다. 차별화, 개인적 권위, 교양을 통해서 변별적인 기호와 역량을 상징적으로 드러내며, 부와 개인의 탁월함을 과시하는 전형적인 방식이 바로 예술품의 구매이다. 경영자들은 사냥, 마권, 역사 이야기, 자동차 잡지, 대중적 독서 잡지, 출장여행, 사업상의 식사, 통속극, 뮤직홀, TV 버라이어티 쇼, 상업전시회, 경매장, 고급 의상실, 고급 승용차, 배, 3성급 호텔, 온천욕 등의 문화적 취향을 보인다. 이러한 성향은 자신의 신용과 부를 과시하고 직업상의 우월감을 표현하는 전략들이다.

경제자본이 우월한 지배계급의 분파에게는 경제자본의 축적과 지출이 상징자본의 축적을 의미한다. 이들은 경제적 지위를 이용하여 지방에서 종종 명사라는 평판을 획득하는데, 이것은 도덕적 질서와 밀접한 관련을 갖는다. 예를 들어 의사들이 종종 성명서를 발표하는 경우가 있는데 이것은 자신의 명예를 높이기 위한 전형적인 전략이다. 프랑스 여론조사협회SOFRES의 여론조사에서 보면 의사들은 대통령 선거 후보로 우파 정치인 지스카르 데스탱을 지지하는 비율이 높게 나왔고, 지스카르 데스탱도 의사들의 이해관계가 선거에서 큰 영향을 준다는 사실을 깨닫고 이들을 대변하려 한다.

2) 한편 문화자본이 상대적으로 풍부한 교수 계급은 취향이란 자신이 스스로 재발견하는 것이라는 가치관을 가지고 있다. 오래되고 희귀한 물건에 집착하는 상업 경영자들의 수집 취향과는 달리 현재 사용되는 물건에 문화적 가치를 부여하는 도전적인 취향을 가지고 있다. 프랑스에서는 '센 강 우안'이 한국의 강남 문화권에 해당하는데, 프랑스 교수 계급들은 센 강 우안 취향을 거부하는 것으로 나타났다. 이들은 독창적인 실내장식을 선호했고, 선호하는 화가로 브라

크, 피카소, 브뤼겔, 칸딘스키, 좋아하는 음악으로 〈불새〉, 〈푸가의 기법〉, 〈평균율 피아노곡집〉을 선택했다.

특히 교수, 예술가, 상업 경영자 들은 다음과 같은 취향을 보였다. 첫째, 부르주아적·사교적인 취향—인상파에 대한 취향이 두드러진다. 평균적으로 안목이 높다. 7~11개의 작품과 작곡가를 안다. 둘째, 전통적인 취향—전통적 프랑스 요리를 좋아한다(1.3%), 가구는 골동품점에서 구입하고(1.0%), 예의 바른 동료를 선호한다(1.5%). 셋째, 온건한 쾌락주의(안락할 뿐만 아니라 검소하고 소박하고 아늑한 실내장식을 좋아한다). 넷째, 절제의 취향(〈불새〉, 〈랩소디 인 블루〉를 좋아한다, 긍정적인 사고를 가진 동료를 좋아한다).

한편 지식인들은 최소비용으로 최대의 문화적 수익을 추구하는 경향이 있다. 이들은 "나는 공연을 보기 위해 극장에 가는 것이지 자신을 자랑하기 위해서 가는 것은 아닙니다"라는 말을 자주 한다. 작품 그 자체, 그것의 희소성, 그것에 대한 담론으로부터 자신들의 실천이 갖는 상징적인 이익을 기대하는데, 그러한 이익을 통해서 그들은 작품의 변별적인 가치를 어느 정도 전유하려고 노력한다.

교수나 실천적 지식인들의 취향은 다음과 같이 조사되었다. 독서, 시, 철학 에세이, 정치적 저작, 좌파적 문학예술에 대한 월간지, 고전극, 전위극, 박물관, 고전음악, 프랑스 뮤직 방송, 벼룩시장, 캠핑, 등산, 걷기를 선호한다. 이들은 문화자본과 자유 시간에서 끌어낼 수 있는 이익은 최대화하고, 금전적 지출은 최소화한다. 이러한 특성은 문화자본과 경제자본의 괴리에서 유래하며, 금욕적 미학과 사회 질서에 대한 비판의식으로 표현된다.

3) 한편 지배계급 안에서 중간 분파를 차지하고 있는 자유업 종사자의 경우는 직업별로 건축가, 변호사, 의사, 약사 들이 포함된다. 이들은 선호하는 화가로 브라크, 칸딘스키를 선택했고, 좋아하는 음악으로는 〈왼손을 위한 피아노 협주곡〉, 좋아하는 영화는 〈몰살의 천사〉, 〈시실리의 검은 안개〉를 선택했다. 한편 또 다른 자유업 종사자들인 지방관리, 치과 의사, 공증인 같은 직업군에 속하는 사람들은 화가로서 블라밍크, 르누아르를 선호했고, 좋아하는 음악은 〈아름답고 푸른 도나우 강〉, 좋아하는 영화는 〈아브레 마을의 일요일〉, 〈지상 최대의 작전〉을 선택했다.

특히 중등교사들은 좋아하는 영화로 〈몰살의 천사〉, 〈시실리의 검은 안개〉, 〈구애자〉 등을 꼽았는데 이것은 흥행에 성공한 영화라기보다는 영화사에 남는 고전에 해당한다. 또 연주회, 미술전시회에 가는 것을 좋아한다.

4) 한편 시간을 기준으로 지배계급 안의 취향 차이를 살펴보면 다음과 같다. 자유업, 교수, 사기업 관리직 들은 소위 전통적인 부르주아 계급에 속하는 사람들인데, 이들은 상속받은 가구의 소유(3.1%), 골동품점의 잦은 출입(2.4%), 안락한 실내장식과 전통 프랑스 요리에 대한 선호(1.5%), 루브르 박물관과 현대 미술관의 잦은 출입(1.8%), 〈왼손을 위한 피아노 협주곡〉(피아노 연주 실력과 연관되는 음악곡

이다)을 선택했다. 반면 이른바 벼락부자가 된 계급 분파들은 교육을 통해 신분상승을 할 수 있다는 생각을 강하게 가지며, 독학자의 우연한 행운, 개인의 노력으로 문화자본을 획득한 사람을 가리킨다. 이들은 다음과 같은 문화적 취향을 나타냈다. 의지가 강한 사람(2.6%), 긍정적인 사고를 가진 사람을 좋아하고(3.6%), 깨끗하고 말쑥하며(3.2%), 검소하고 소박한(1.6%) 실내장식을 선호한다. 좋아하는 음악은 〈칼의 춤〉, 〈랩소디 인 블루〉, 〈어린이와 마법〉 그리고 자크 브렐과 아즈나부르의 노래(덜 규범적인 작품이다) 등이고 화가로는 반 고흐와 유트리요, 뷔페를 꼽았다.

시간은 결국 지배계급 안에서 신참자와 고참자의 대립으로 나타나며, 지위에 대한 규정을 둘러싼 투쟁으로 확산된다. 특히 접근 조건을 두고 신참자와 고참자의 투쟁이 심화된다. 예를 들어 학력이나 자격증 보유 여부, 경제적 여건 등 기존의 진입 조건에 대한 주장이 대립한다. 파리의 대부르주아들은 주로 정치대학 Sciences Po을 통해서 행정과 경제를 독점 재생산했던 반면, 이공계 출신은 미국 유학을 통해서 이러한 부르주아 경향에 도전하는 형국이다.

구부르주아들은 화가로서 블라밍크, 르누아르, 반 고흐, 가수는 에디트 피아프, 자크 브렐을 좋아한다. 여행담, 역사, 고전작품을 선호하고 성실하며, 쾌활하고, 침착한 동료를 선택했으며, 균형 잡히고 소박한 실내장식을 좋아한다. 온천에서 휴가를 즐기고, 리셉션과 사교상의 업무를 중요시하며 샴페인에 집착한다. 반면 젊은 상급 기술자들이나 관리직들은 이미 아버지 세대부터 부르주아 가정의 전통을 가지고 있으며, 그들은 주로 그랑제콜을 졸업하는 경우가 많다. 또 기업 내부에서 시험을 통해 승진하여 경영 관리직, 영업직으로 성공하는 경우가 많다. 이들에게는 전형적인 부르주아 취향이 나타난다. 칸딘스키의 그림을 좋아하고, 음악은 〈아를의 여인〉, 〈라 트라비아타〉, 〈신들의 황혼〉, 〈소야곡〉, 〈푸가의 기법〉, 〈왼손을 위한 피아노 협주곡〉을 즐겨 들으며, 철학 에세이, 시를 선호하고, 예술적이고 기품 있는 동료를 좋아하며, 복합적이고 독창적인 최신 실내장식을 선택하고, 요트, 수상스키, 승마, 골프를 즐긴다. 외국 지향적 가치관, 현대적 사고방식, 금융 일간지 구독(부동산 투자는 낮다)을 특징으로 보인다.

한편 대기업 재정관리자와 연구개발부장의 대립도 흥미롭다. 연구개발부장들은 주로 기술양성학교 출신이며 (민중)중간계급 출신인 경우가 많다. 이들은 교수들과 여가활동이 흡사하다. 연구개발부장의 경우는 문화에 대한 투자를 경제적인 것과 연결 짓는 경우가 많다. 문화 투자를 통해서 경제적으로 최대 이익을 얻으려고 한다. 이들의 대립은 학교 교과 프로그램이나 교과 과정에 대한 투쟁으로 나타난다.

결국 신흥 부르주아란 다음과 같은 사람을 가리킨다. 새로운 경제에 의해 요구되는 윤리적 전환을 선도하는 사람, 새로운 소비 형태를 만들어내는 사람, 절제, 검소, 절약, 계산에 기반을 둔 금욕주의를 신용, 지출, 향유에 기반을 둔 쾌락주의로 전환시키는 사람들이다. 이들에게는 복장, 화장의 유행이 지배 양식의 중요한 요소이다.

즉 격식 없는 옷차림과 말투를 통해서 구부르주아의 긴장된 취향을 공격한다. 또 느긋하고 자유로운 미국식 생활양식을 선호한다. 이들은 새로운 소비와 취향을 전파하는데 이러한 성향은 도덕적 취향에서도 전위적인 결과를 나타낸다. 예를 들어 "남자는 18세 미만에도 혼자 외출할 수 있다", "미성년자들도 피임약을 살 수 있다", "미성년자들에게 보고 싶은 영화를 보게 한다"와 같이 자식들의 교육 문제에서 가장 개방된 대답을 하는 계층이다. 직종별로 보면 서비스 판매자, 경영자, 관리직 종사자나 출판사, 영화사, 의류업계와 광고회사, 실내장식회사, 부동산 개발회사 사장들이다.

한국의 사례: 한국 사회에서 상층계급에 대한 연구는 자본가 계급 형성 과정에 대한 것이 대부분이었다. 그나마도 객관적인 계급 이동의 틀을 분석하는 데 초점을 맞추었을 뿐, 문화 취향과 관련된 것은 아니었다. 이러한 배경에서 볼 때 1992년에 발표된 조혜정의 글은 압구정동에 대한 담론 분석을 통해 한국 상류계급의 문화적 취향을 연구한 최초의 글로, 한국의 상류계급을 바라보는 시각을 바로잡아 주고, 또 학문적인 수준에서 향후의 연구 과제가 무엇인지를 제시했다는 점에서, 그 의미가 크다고 할 수 있다.[7]

압구정동은 한국의 상류계급이 어떻게 형성되었으며, 상류계급의 문화가 어떠한 사회적 효과를 발휘하고 있는지를 잘 보여주는 곳이다. 1980년대 중반 구 현대아파트에는 국회의원 20명 이상이 살 정도로 압

[7] 조혜정, 「압구정 공간을 바라보는 시선들: 문화정치적 실천을 위하여」, 김진송 기획, 『압구정동: 유토피아/디스토피아』, 현실문화연구, 1992.

구정동은 특권화된 지역이었다. 압구정동이 이처럼 순식간에 '파워 지역화'된 이유를 알기 위해서는 현대건설의 아파트 건설업 진출 과정을 알 필요가 있는데, 이 과정은 대한민국의 전형적인 정경유착 사례를 보여준다. 1975년, 압구정동에서도 활처럼 구부러진 경관 좋은 강변에 23개동 1천562가구분의 아파트가 최초로 건설되기 시작했다. 현대건설은 로비용으로 특혜분양을 하기 위해서 일반분양분을 없애버린다. 1978년 7월 검찰 수사 결과 청와대, 안기부, 변호사 등 주로 힘 있는 곳의 인사들이 특혜 대상으로 밝혀져 당시 온 국민의 분노를 자아냈다. 이후 비슷한 수준의 계급들이 입주하면서 압구정동 주민 구성은 상류계급으로 분류되었고, 이들의 소비생활도 상류계급의 특성을 갖게 된다.

그러나 압구정동의 문화가 반드시 상류계급의 특성만을 반영하는 것은 아니다. 압구정동 문화의 대명사라고 할 수 있는 로데오 거리는 갤러리아백화점 동관 앞 사거리에서 강남구청으로 내려가는 대로변 양쪽을 가리킨다. 약 4백 미터에 이르는 이 패션 거리를 비벌리힐스의 패션 거리인 '로데오 드라이브'를 본떠 로데오 거리라고 불렀다. 패션 디자이너 하용수가 1986년 이곳에 가게를 개점하면서 압구정동 로데오 거리의 역사가 시작되었는데, 그 뒤 미용실, 카페 등 상류사회의 소비 공간이 만들어졌고, 특히 패션 거리가 조성되면서 압구정동 로데오 거리가 고급문화의 메카로 자리 잡게 된다. 모델라인 등의 모델 양성소가 들어서고, 이와 관련된 광고제작사, 쇼 이벤트 회사, 모델 에이전시, 사진 스튜디오 등이 압구정동에 모여

들었다. 처음부터 예정된 것은 아니었지만, 압구정동은 패션, 연예인, 모델과 같은 자본주의의 꽃들이 모여 만들었고, 이것이 한국의 상류문화를 대변하게 되었다.

조혜정의 분석에 따르면 압구정동의 이러한 상류문화는 세 가지 사회적 논란을 불러일으켰다. 소외, 소비, 우리 것에 대한 생각이다. 소외의 문제는 압구정동이 돈이 없으면 갈 수 없는 곳으로 치부되었기 때문이다. 압구정동은 대다수 한국 사람들에게 스스로를 초라하게 느끼게끔 만드는 곳으로 소비의 계층화를 만들어낸 대표적인 사례이다. 그런데 소비의 계층화를 인정하지 않으려는 사람들에게 압구정동은 또한 저항의 전형이 되기도 했다. 이러한 저항은 돈이 있는 사람, 권력 있는 사람에 대한 불신에서 비롯된 것이다. 이처럼 한국에서 상류문화는 소외, 저항, 불신을 만들어냄으로써 누구나 흠모하고 존경하는 고급문화라기보다는 늘 부패와 타락을 의미하는 부정적인 이미지를 갖게 된다. 서구 사회의 상류문화와는 질적으로 다른 특징이다. 이것은 한국 사회의 권력 집단이 자신의 지위를 정당화하기 위한 문화적 정당성을 획득하지 못했다는 사실을 말해준다. 상류층은 이러한 의미에서 늘 불안하다. 이것이 바로 두 번째 쟁점인 소비의 문제를 죄의식으로 만들어내는 기제이다. 상류층의 소비 자체가 거부의 대상이 되어버려 건전한 소비사회라는 말을 할 만한 여유조차 없게 되었다.

셋째는, 압구정동의 문화가 왜색/외색 문화라는 비판이 강하다. 세계 여러 나라에서 수입된 첨단의 소비재가 압구정동으로 몰려와 상류층의 문화를 대변하게 되자 과연 한국적 상류문화라는 게 무엇인지, 또 거기에는 '우리 것'이 얼마나 포함돼 있는지를 묻게 된 것이다. 이 물음은 복고적 민족주의에 빠지지 말아야 한다는 주장과 서양화되지 않은 우리 고유의 것을 찾아야 한다는 주장 사이의 치열한 논쟁으로 이어졌다. 이것이 바로 자기 정체성에 대한 문제와 외부 문화에 대한 개방성이라는 문제로 1990년대 이후 2010년까지 지속되고 있는 상류문화의 딜레마이다.

이처럼 한국 사회에서는 상류계급의 문화가 고급문화로 인정되지 않은 데다, 선망의 대상이면서 곧 질투와 질타의 대상이기도 하다. 이것이 『구별짓기』에서 부르디외가 분석한 프랑스의 상류계급과 상류문화의 특징이 한국의 상황과는 질적으로 큰 차이를 보이는 이유이다.

한편, 최샛별은 상류계층의 재생산 과정을 서양 고전음악 전공자의 사례를 통해서 밝히고 있다.[8] 즉 서양 고전음악을 전공한 한국 사람들을 심층면접하여 그 결과를 바탕으로 부르디외의 문화자본이 어떻게 재생산되는지를 분석한 것이다. 최샛별의 설명에 따르면 한국 사회에서 서양 고전음악이 경제적으로 넉넉해야만 즐길 수 있고 또 전공할 수 있는 고급문화로 자리 잡아온 과정은 한국 사회의 서구화와 현대적 교육 체계의 도입, 수용, 전개 과정과 맥을 같이한다. 그렇기 때문에 서양 고전음악이 한국 사회에서 고급문화로 자리 잡아온 과정은 외세의 영향 아래 놓여 있던 근대 한국에서 사회적

8 최샛별, 「상류계층 공고화에 있어서의 상류계층 여성과 문화자본: 한국의 서양 고전음악 전공 여성 사례」, 《한국사회학》, 36집, 2002.

으로 정당성을 인정받지 못한 방식으로 부를 축적한 계급 또는 집단이 서구의 고급문화를 자신들의 문화자본으로 수용함으로써 다른 계급 또는 집단과 스스로를 구분 짓는 기제로 사용해온 과정에 다름 아니다. 한국 사회에서 서양 고전음악을 전공했다는 것은 전공에 부가되어 있는 여성적이고 고급스럽다는 이미지와 더불어 이를 뒷받침할 만한 가정적 배경을 가지고 있음을 의미한다.

세대 간 이동에 대한 연구에서는 부모와 자녀의 사회적 지위가 얼마나 변화했는가를 분석했으며, 전업주부의 세대 간 이동을 연구하면서는 아버지와 배우자의 사회적 지위를 비교하는 방법을 택했다. 계급 이동을 분석하는 연구에서는 '객관적인 세대 간 이동'과 '주관적인 세대 간 이동'을 구분했다. 전자는 부모의 계급과 응답자의 계급 간 변화를 의미하며, 후자는 부모와 응답자의 생활수준의 차이로 계산했다. 이러한 결과는 응답자의 96.5퍼센트가 결혼을 통해 자신들의 계층적 지위를 재생산하거나 상승 이동했으며, 생활수준을 나타내는 주관적인 이동에서도 86퍼센트 이상이 그들의 생활수준이 부모 세대와 같거나 더 나아진 것으로 나타났다. 직업을 통한 객관적 세대 간 변화에서도 79.3퍼센트가 아버지의 계급적 지위를 재생산했고, 13.8퍼센트가 상승한 것으로 나타났다.

이러한 계급 재생산의 결과는 심층면접에서도 그대로 나타났다. 한국의 남성들이 좋아하는 것은 음악 그 자체가 아니라 '음악을 전공하는 여자'라는 대답이 많이 나왔는데, 이것은 서양 고전음악 전공자가 '제도화된 문화자본'으로 통용되고 있음을 의미한다. 즉 서양 고전음악 전공자들은 이들을 다른 여성 집단들로부터 구분 짓는 역할을 해왔고, 그들의 경제적인 위치를 결혼을 통해 재생산함으로써 상류계층의 문화자본을 전수하고 계급적 경계를 공고히 하는 결과를 가져왔다고 볼 수 있다. 이러한 결과는 부르디외의 문화자본 개념이 비교적 소홀하게 다루어온 성gender이라는 변수를 부각시키며, 이것이 한국 사회의 문화 연구에 중요한 쟁점이 된다는 점을 제시하고 있다.

중간계급

부르디외에 따르면 중간계급의 문화는 존재하지 않는다. 중간문화란 대상의 착오에서 유래할 뿐이며, 부르주아 문화에 대한 경멸이나 혹은 선망으로 만들어진 왜곡된 통설이다. 즉 중간계급은 부르주아와의 관계가 없다면 존재할 수 없는 계급이다. 이것이 '프티petit'라는 형용사가 갖는 부정적인 의미의 본질이다.

사회 공간에서 프티부르주아의 위치 그 자체가 정통문화와 불안한 관계를 만들어낸다. 중간문화의 특징은 "승인과 인지의 격차"라고 요약할 수 있다. 이 개념은 자기를 어느 대상에 바쳐야 하는지 알지 못하기 때문에 나타나는 동일시의 착오를 가리킨다. 예를 들어 오페레타를 고상한 음악으로, 통속화된 지식을 학문으로, 모조품을 진품으로 착각하는 경우가 여기에 해당한다. 그렇지만 중간계급은 오도된 동일시의 상태에서도 여전히 자신을 탁월한 것으로 착각하면서 문화적 만족을 얻는다. 그 이유는 간단하다. 중간계급은 문화 소비의 근거를 정통문화에 두고 있기 때문이다.

한편, 이러한 오도된 승인(지식 없는 승인)은 사회적 위계가 아래로 내려갈수록 빈도가 높아진다. 예를 들어, 문화적으로 빈곤하고, 나이가 많고, 파리에서 멀리 떨어진 곳에 살고 있어 연극을 관람할 기회가 적은 사람들이 "연극이 정신을 고양한다"라는 말을 자주 한다. 또 이들은 주방을 바꾸는 데 막대한 돈을 지불하면서 부르주아 문화에 대한 선망을 표시하며, 동시에 자신의 우월성을 과시한다. 그리고 중간계급들은 유복하게 자란 친구를 좋아하며, 교육적이고 교훈적인 연애오락물 등을 선호한다. 이와 같은 "문화적 선의"의 표시는 대부분 중간계급의 오도된 승인, 즉 부르주아를 통해서 자신의 정체성을 파악하려는 성향에서 비롯되는 것이다.

중간계급은 문화 활동을 선택할 때 누가 추천하는지를 중요한 기준으로 삼는다. 예를 들어 소르본 대학 교수, 아카데미 회원, 고급 버라이어티 쇼에 출연하는 바이올리니스트들이 추천하는 시적인 샹송 선집, 지적인 주간지, 재즈와 교향곡 일부를 결합해 방송하는 TV 프로그램 등을 자신이 좋아하는 문화적 활동으로 선택한다. 또 고전작품, 문학상 수상작과 같이 확실히 보증된 생산물을 선택한다.

프티부르주아는 문화의 게임을 게임으로 즐길 줄 모른다. 문화적 교양을 학식과 동일시하면서, 문화를 획득과 축재, 즉 소유욕의 대상으로 파악한다. 예를 들어 작품 그 자체를 즐기기보다는 작품에 대한 부대지식, 즉 영화 제작진 이름, 오케스트라의 편성, 녹음 날짜,

출판사, 영화감독, 극장이나 음악당의 이름 등이 문화적 선택의 중요한 지표가 된다. 이러한 현상은 학력 불안에서 기인한다. 중간계급에게 학력의 서열은 매우 엄격하여 높은 학력의 소지자가 낮은 학력의 소지자를 문화적으로 지배한다. 또 인증된 졸업장이 없는 독학자는 정통성에 대한 불안으로 말미암아 자신의 분류와 학식에 대해 늘 불안해한다. 독학자는 무지의 권리를 누리지 못한다.

중간계급의 언어의 성향은 엄격함과 과잉 교정주의로 요약된다. 또 엄격한 규율을 따르고 원칙이나 계율을 중요시한다. 이것은 정치적 태도에서 순응주의, 신중한 개량주의로 나타나며, 학교를 선택하는 전략이나 문화 활동을 선택하는 전략은 바로 금욕주의, 법률만능주의로 표현된다.

한편, 출산율은 중간계층에서 가장 낮다. 왜냐하면 사회적 야망으로 인해 자식 교육에 상대적으로 과도한 투자를 하기 때문이다. "상대적 비용"이란 가족이 자손을 통해 사회 구조 안에서 동태적으로 정의된 지위를 재생산하기 위해, 즉 야망을 실현할 수단을 자녀들에게 줌으로써 가족이 기대하는 미래를 성취하기 위해 투자되는 금전적 또는 비금전적 자원과 가족이 보유한 자원의 비율을 의미하는데, 상대적 비용 투자가 중간계급에서 가장 높게 나타난다. 중간계급의 특성은 민중에서 탈피하여 부르주아로 진입하기 위한 열망으로 요약된다. 이러한 열망을 달성하기 위해서 그들은 언제나 필요한 자원을 축적하고 있는데, 이것이 산아제한으로 나타난다. 따라서 프티부르주아의 아비투스는 상승 경향으로 표현된다.

그런데 프티부르주아는 상대적으로 경제, 문화, 사회관계 자본이 빈약하기 때문에 희생이나 절제, 단념, 선의, 승인 등을 지불함으로써만 자신들의 상승 지향을 정당화할 수 있다. 절제와 단념의 대상은 주로 사교 관계이기 쉽다. 다시 말해 개인 상승에 걸림돌이 되는 인간관계를 끊어버리고 연대를 불필요하게 생각한다. 프티petit라는 형용사의 경멸적 뉘앙스가 여기서 다시 한 번 설명된다. 부르주아로 진입하기 위해서 중간계급이 드러내는 신체적 성향, 몸짓, 옷차림, 말투가 신중하고 지나치게 억압된 상태로 나타나는 이유를 짐작할 수 있다.

프티부르주아의 취향에는 3가지 유형이 있다. '쇠퇴하는 프티부르주아', '실행 프티부르주아', '신흥 프티부르주아'인데 각각의 특성을 알아보자.

1) 쇠퇴하는 프티부르주아
직업적으로 장인이나 소상인이 많다. 나이가 많고, 학력자본은 적고, 객관적으로 과거의 영향을 많이 받는다. 이들은 퇴행적 성향을 보이는데 이것은 곧 억압적 경향이라고 바꾸어 말할 수 있다. "깨끗하고 말끔하며", "유지하기 쉽거나", "실용적인" 인테리어를 좋아한다는 사실에서 이러한 성향을 확인할 수 있다. 또 〈아를의 여인〉, 〈아름답고 푸른 도나우 강〉, 조르주 게타리와 루이스 마리아노(가장 유행에 뒤지고, 전통적인 가수)의 음악도 과거 지향적인 것으로 쇠퇴하는 프티부르주아의 성향을 반영하고 있다.

그들은 자신이 '소박하고', '진지하며', '정직한' 생활 덕분에 지금의 위치를 유지할 수 있다고 믿는다. 따라서 모든 영역에서 전통적인 가치를 표현한다. 예를 들어 그들은 세심하게 정성을 들인 음식, 클래식한 내부 장식, 양심적이고 분별 있는 친구, 프랑스 전통요리, 가장 규범에 가까운 화가들(라파엘, 다빈치, 와토), 가장 오랫동안 칭송되는 가수들(피아프, 마리아노, 게타리)을 선호한다. 지나친 야심과 돈, 육아, 성문제에서의 방종을 거부하며, 새로운 도덕도 싫어한다.

2) 실행 프티부르주아

자본 구성으로 볼 때 중앙에 위치한 집단으로 일반관리직(사무계통, 일반기술자, 초등교사)들이 많다. 학교 교육을 통해서 한 단계 한 단계 지위가 올라간 경험을 한 이들은 진보주의적 세계관에 끌린다. 학교 성적에 따라 다른 대우를 받아온 경험이 있어 이들은 온건한 개량주의로 향하게 된다. 학력의 차이를 위계구조와 동일시하는 경향이 있고, 상급관리자들의 지시를 잘 따른다. 이들의 아비투스는 정확성, 엄밀함, 진지함, 선의, 헌신 등으로 요약할 수 있다.

격식을 차릴 필요없는 식사, 쾌활한 친구를 좋아하는데 이것은 긍정적인 에토스를 반영하는 것이다. 또 양심적이고 집안이 좋은 친구를 좋아하고 생활 세계에서는 간소하고 단정한 옷을 선택하는데 이것은 금욕적인 가치를 표현하는 것이다. 음악은 〈칼의 춤〉, 화가는 유트리요를 선택하는 것은 중간적인 작품에 대한 선호를 반영한다. 가구는 백화점에서 구입하고, 깨끗하고 말끔하며, 관리하기 쉬운 내부 장식을 선호하고 아즈나부르, 페추라 클라크, 조니 아리데이 등의 가수를 좋아하며, 사진과 영화에 큰 흥미를 보인다.

사회적 상승을 위한 규율에 민감하다. 낙태, 미성년의 피임 등이 자신의 신분 상승에 문제가 되는 경우에는 지배적 도덕 및 그 도덕에 가장 집착하는 분파이다. 사회적 규율에는 가장 엄격하지만, 상승하는 분파의 금욕적 엄격주의와는 다르다. 차라리 신중한 진보주의라고 하는 것이 적절하다. 그런데 이들은 나이가 들어감에 따라 하강하는 분파의 억압적 엄격주의로 변해간다. 따라서 사회 계급의 특성을 이해하기 위해서는 이데올로기적 노화와 사회적 노화의 상관관계를 잘 파악해야 한다.

3) 신흥 프티부르주아
의료보건이나 사회부조 관계 직업(결혼상담이나 성문제 전문가, 식이요법이나 취업 관련 전문가), 문화 생산 및 촉진에 종사하는 직업(문화 활동 지도자, 학외 활동 교육자, 라디오 및 TV 프로그램 제작자, 사회자, 잡지기자, 간호사, 공예사) 들이 많다. 이들은 부르주아 출신과 민중계급의 혼합된 형태라고 할 수 있다. 따라서 출신 계급의 이중성은 정체성의 혼란을 초래하며, 가치관의 대립으로 나타나는 경우가 종종 있다.

이들은 학력자본이 적다. 따라서 정통문화보다는 대체문화, 도전적인 문화에 대한 선호도가 높다. 예를 들어 이들은 음악, 영화에서 도전정신을 표현하는 형태를 좋아한다. 이들은 부르주아로 다시 진입하기 위해reclassment 기다리는 탈락된 계급declassment이라고 볼 수 있다. 기본적으로 부르주아 계급에 대한 향수가 있는 만큼 그들의 단어 속에는 '탁월한', '기품 있는', '세련된' 등의 단어가 자주 등장한다.

상승 지향에 대한 욕구는 종종 문화적 허풍으로 표현되기도 한다. 예를 들어 희귀한 화가나 작곡가, 작품을 선택하는 경우가 바로 여기에 해당한다. 〈어린이와 마법〉, 〈불새〉, 칸딘스키를 선호하는 것으로 대답하는데, 이러한 응답은 주로 문화 매개자와 판매 관리직 사이에서 더 높게 나타난다.

신흥 프티부르주아는 신흥 부르주아가 물려준 생활양식을 유지하고 그들이 실제로 희망하는 목표를 달성하기 위해 자신이 하는 일에 철저한 확신을 갖는다. 이러한 이유로 이들은 지배계급의 윤리적 전위를 형성한다. 즉 혁신 부르주아는 신흥 프티부르주아의 윤리적 모델이다. 이들은 상승하는 프티부르주아라고 할 수 있으며 이들의 성향은 엄격함, 영웅주의로 표현되지만, 귀족적 상승주의나 쇠퇴하는 프티부르주아의 억압적 비관주의와는 종류가 다르다. 예컨대 이들은 쾌락을 중요한 의무로 생각하며, 도덕성을 종교적 구원의 형태로 가지고 있다.

성 행동 논리에 관심이 많으며(프로이트의 책을 자주 읽는다), 신체에 대한 유행에 민감하여(성형수술을 많이 한다), 소외된 신체, 욕구에 대한 이론, 육아 이론, 심리학 이론 등에 관심이 많다. 그래서 가정교육과 학교 교육의 전위자 역할을 하며, 직업적으로 결혼생활

상담자, 전문잡지 기자들이 많다. 금욕적 프티부르주아와는 달리 문화의 개종 권유에 유연하게 반응하며, 자신들의 주변적 속성을 잘 인식하고 있다. 다양한 사회활동(마약, 독립영화, 여행 등등)에 참여하는데, 이것은 신흥 프티부르주아들이 자신의 주변적 위치를 극복하고 사회적으로 비상하려는 욕망을 나타낸다. 또 대항문화를 시도하는 경우도 많다. 화장이나 의복이 대담하고, 포즈와 자세도 훨씬 자유롭다. 문화 영역뿐만 아니라 일상생활의 작은 문제부터 존재론에 이르는 철학적 질문까지 관심 분야가 많다.

이들은 부르주아와 프티부르주아가 공모된 형태로 존재하는 계급이며, 그래서 지배계급의 사회정책에 지지를 보낸다. 또 자유주의를 선호하며 부르주아의 육아법을 쉽게 받아들이고, 관료적 사회, 보수적 사회를 찬성한다. 그러나 문제는 이들이 고립되어 있다는 것이다. 즉 전형적인 부르주아도 아니며, 민중계급도 아닌 상태에서 집단적 기억과 미래에 대한 예측에 속박되어 살아가고 있다.

한국의 사례: 한국의 중산층에 대한 논의가 활발하게 된 계기는 1997년 외환위기 이후 중산층이 몰락하고 있다는 사회적 위기의식이 팽배해진 데 있다. 중산층의 몰락은 사회가 계급적으로 양극화되어가는지에 대한 질문을 내포하는데, 학문적인 수준에서 양극화는 단순히 자산 분포의 양극화를 의미하기보다는 생활양식, 소비 패턴, 주관적 소속감, 정치적 가치관의 변화와 깊숙이 연결된다. 이와 관련해 장미혜의 연구가 주목할 만하다.[9] 장미혜는 한국 중산층에 대

한 연구를 세 가지 차원으로 나누어 설문조사했다. 첫째는, 주관적인 계층 소속감과 생활양식의 특성, 둘째는, 소비양식에서 본 중산층의 양극화, 셋째는, 교육의 관점에서 본 중산층의 특성이다.

우선 주관적인 소속감과 관련해서는 '한국 사회 전체를 10개의 층으로 나누었을 때 귀하의 가족은 어느 층에 속한다고 생각하십니까?'라는 질문을 통해 객관적인 위치에 대한 사람들의 생각을 파악하려고 했다. 한편 '귀하의 가족은 현재 한국 사회에서 어느 층에 속한다고 생각하십니까?'와 '10년 전쯤에는 어느 층에 속했다고 생각하십니까?'라는 질문을 던져 현재와 과거의 계층 귀속의식을 비교하려고 했다. 그 결과 10년 전과 현재를 비교해보았을 때 중산층이었다가 중산층에서 탈락했다고 생각하는 사람들의 비중은 전체의 12.75퍼센트인데 반해서 중산층으로 새로이 진입한 계층은 전체의 5.36퍼센트로 나타났다. 이러한 수치는 사람들이 일상생활에서 주관적인 계층의식의 하락을 통해 중산층 규모의 축소 내지는 양극화 현상을 경험하고 있음을 시사해준다. 한편, 주관적인 계층의식의 변화가 생활비 지출항목에 어떤 영향을 미쳤는지를 조사했는데, 스스로가 중산층에 진입했다고 생각하는 사람들이 가장 많이 늘리는 생활비 항목이 자녀 교육비였다. 이와 동시에 중산층에서 탈락했다고 생각하는 사람들이 가장 나중에 줄이는 생활비 또한 자녀 교육비였다. 이것은 중산층에서 탈락했다고 응답한 사람들이 생활비 중에서 외식, 여가, 레저 문화생활을 위한 지출을 가장 먼저 줄이는 것과 비교되는 현상이다. 이러

9 장미혜, 「중산층의 양극화와 생활양식의 변화」, 한국사회학회 편, 『기로에 선 중산층』, 2006, 인간사랑.

한 상관관계를 통해서 사회 전체 계층의 교육열을 확인할 수 있다.

설문의 둘째 항목인 소비양식의 변화에 따른 중산층의 변화에서 장미혜는, 중산층 중에서 핵심적 중산층을 다른 사회계층과 구분해주는 물적 자산을 알아보기 위해 대형 승용차, 스포츠센터 회원권, 골프 회원권, 콘도 회원권 보유 여부를 조사했다. 그 이유는 생활양식에서 여가생활과 스포츠 활동이 점차 중요한 부분을 차지하는 추세여서 여가생활과 스포츠 활동을 즐길 수 있는 소비 수단을 보유했는지를 알아봄으로써 계층 간의 경계를 파악할 수 있다고 보았기 때문이다. 결과는 3천 시시 이상의 대형 승용차의 보유율이 핵심적 중산층은 17.2퍼센트인데 반해서 주변적 중산층은 4.4퍼센트에 불과하고, 스포츠센터 회원권의 경우 핵심적 중산층의 15.5퍼센트가 보유하고 있는데 반해서 주변적 중산층은 4.2퍼센트만이 보유하고 있었다. 이를 통해서 확인할 수 있는 것은 앞에서 선정된 몇몇 물적 자산은 2006년을 기준으로 중산층 내부의 소비 분화를 보여주는 기준이라는 사실이다.

셋째 항목인 교육 기회의 차이에서 질문 내용은 '자신의 자녀가 앞으로 얼마나 더 긴 기간 교육의 혜택을 받을 수 있다고 기대하는가?', '보다 양질의 교육 경험을 위해서 해외유학을 보낼 것인가?'였다. 응답 결과 교육의 양적인 측면에서 드러난 자녀 교육에 대한 기대 연수를 보면, 핵심적 중산층과 주변적 중산층의 경우 젊은 층으로 갈수록 길어져서 평균적으로 대학 교육까지 소요되는 시간(16년)만큼의 고등교육을 받기를 원하고 있었다. 연령대와 계층을 비교했을 때 흥미로운 사실은 하층계급의 경우 오십대 이상의 연령대들은 자녀 교육에 대한 기대 연수가 증가하는 추세를 보였다는 점이다. 이것은 경제성장기에 계층 이동을 경험했던 이들 세대에게 교육이 열려진 기회의 장으로 인식되고 있음을 시사한다. 반면 사십대 미만의 젊은 층은 사교육비 부담으로 압박을 받고 있기 때문에 희망하는 교육에 대한 기대 연수는 핵심적 중산층〉주변적 중산층〉하층계급의 순으로 나타났다. 해외 유학과 관련한 질문의 결과는 사십대 중에서 자녀를 유학 보낸 경험이 있다고 응답한 핵심 중산층의 비중이 9.9퍼센트인데 반해서, 주변 중산층은 2.8퍼센트에 불과한 것으로 나타났다. 오십대 이상은 15퍼센트의 핵심적 중산층이 경험이 있다고 응답했고, 주변적 중산층은 응답자가 한 명도 없었다.

장미혜는 다음과 같이 결론을 내리고 있다. 생활 영역에서 핵심적 중산층과 주변적 중산층 사이에 새로운 차이가 존재하는데, 그것이 바로 교육 영역이라는 사실을 확인할 수 있다. 또 중산층 내부에서 미래에 대한 전망이 계층에 따라 서로 교차하고 있는데, 이것이 실재적 양극화를 넘어서 중산층들이 심리적 양극화를 더 크게 느끼게 만드는 요인으로 작용한다.

한편 중산층의 정치의식과 정치 행태의 특성에 대해서는 장원호/김병조의 연구가 유용하다.[10] 우선 자신의 정치적 성향을 보수적이라고 표명한 경우가 33.9퍼센트, 중도적이라고 표명한 경우가 45.4퍼센트, 진보적이라고 표명한 경우가 20.9퍼센트로 자신의 이념적 성향에

[10] 장원호/김병조, 「중산층의 정치의식과 정치행태」, 한국사회학회 편, 『기로에 선 중산층』, 인간사랑, 2006.

대해 스스로 중도라고 표명한 비율이 다수이다. 이러한 결과는 중산층이 사회경제적 기득권층이기 때문에 정치의식 면에서 보수적일 것이라는 일반적인 짐작이 잘못되었다는 것을 보여준다. 이러한 해석은 중산층의 지지 정당 비율에서도 나타난다. 핵심적 중산층의 경우 당시 정당 중에서 열린우리당, 한나라당, 민주노동당에 대한 지지율이 각각 16.4퍼센트, 44.8퍼센트, 11.0퍼센트로 세 당의 지지율이 모두 타 집단보다 높게 나타났다. 이것은 핵심적 중산층이 보수와 진보정당을 고르게 지지하고 있음을 보여주는 것이다.

한편, 국가보안법 폐지, 미국과의 FTA, 평택으로의 주한미군 기지 이전, 대형 주택에 대한 중과세, 북한 인권 개선 결의안 참여, 행정복합도시 건설이라는 6가지 항목을 질문해 당시 쟁점이 되고 있는 정치적 문제에 대한 중산층의 태도를 측정한 결과 6가지 쟁점 중 4가지에서 중산층 여부에 따른 의견 차이가 없었다. 따라서 중산층이 하층과 명백하게 구분되는 독자적인 의견을 갖는다고 주장할 수는 없다. 다만 국가보안법 폐지와 대형 주택에 대한 중과세에 대해서는 중산층 여부에 따라 의견이 달랐다. 핵심적 중산층은 1.86점, 주변적 중산층은 1.77점으로 하층의 1.65점에 비해 반대 의견이 약했다. 반면에 대형 주택에 대한 중과세에 대해서는 핵심적 중산층이 2.13점, 주변적 중산층이 2.22점으로 하층의 2.31점에 비해 찬성 의견이 약했다. 그러나 이러한 결과를 두고 중산층이 국가보안법에 대해서 진보적이고, 대형 주택 과세에 대해서는 보수적이라고 단정할 수는 없다. 오히려 두 쟁점에 대해서 핵심적 중산층일수록 보통(2점)

에 가깝다는 점을 주목해야 한다. 중산층은 정치 경제적으로 민감한 쟁점에 대해 특정한 의견을 선호하기보다 찬성과 반대가 어우러져 전체적으로 중간적인 입장을 보이는 집단이라고 해석하는 것이 옳다.

한편 정치 관심도와 담론 주도, 투표 참여 비율, 지지 정당 비율이라는 4가지 항목을 통해 분석한 결과는 핵심적 중산층이 정치에 대한 관심도와 정치 담론의 주도에서 가장 높았다. 투표 참여율에서도 하층계층보다 중산층의 참여 비율이 높게 나왔다. 정당 참여나 집회 참여에서도 다른 계층과 비교해 활발한 참여도를 보였다.

결과적으로 중산층의 이념적 지향은 보수적이라기보다는 오히려 많은 쟁점에서 하층보다 진보적이었다. 또 여러 쟁점에 대해서 핵심적 중간층은 하층과 주변적 중산층의 중간적 입장을 취하고 있다. 이것은 핵심적 중산층이 사회통합의 주요 집단이 될 수 있음을 시사한다.

민중계급: 필요 취향

『구별짓기』 7장은 민중계급에 대한 분석이다. 부르디외에 따르면 사회 계급은 생산관계 안에서의 위치만으로 규정할 수 없으며, 그 위치에 결부되는 계급의 아비투스와 밀접하게 연결된다. 그동안 지식인들은 통계자료를 동원해 사회적으로 노동자들의 특성을 파악하려고 했지만, 이것만으로는 계급의 특성을 이해할 수 없다. 노동자 계급을 이해하기 위해서는 계급 조건에 대해 알아야 한다. 부르디외는 노동자 계급의 물리적 조건과 그로부터 유래하는 아비투스를 "필요 취향과 순응의 원리"라고 요약한다.

필요 취향이란 노동자들이 경제적 종속 상태에 갇혀 있음을 의미하는데, 이것은 경제적 조건이 호전된 뒤에도 여전히 과거의 취향이 남아 있는 경우에 분명하게 드러난다. 이것이 바로 문화적 아비투스이다. 예를 들어 노동자들은 "내가 번 돈을 어떻게 써야 좋을지 모르겠다"는 말을 자주 한다. 필요에 종속된 노동자의 취향은 일상생활의 원리로 자리 잡아 미학적 선택이나, 사회적 참여에도 그대로 반영된다. 노동자들은 옷을 살 때 가급적 덜 튀어 보이며 무난한 디자인을 선택한다. 여성의 경우 화장품 구입비가 상대적으로 다른 계급의 여성보다 적다. 이것은 기능주의, 실용주의로 설명될 수 있는 취향이다. 상층계급에서는 부드러운 식감에 보기에도 깔끔한 음식 소비가 높은 반면 민중계급은 기름진 육류 소비가 높다. 민중계급이 주로 육체적인 힘을 중시하다 보니 이러한 현상이 벌어진다. 이는 경제적 조건 때문이라기보다 "자신들에게 필요한 것을 선택"(그것은 우리가 쓸 것이 아니다)하려는 경향 때문에 빚어진 것이다.

필요 취향은 민중계급이 사회적인 규범에 매우 엄격하게 반응하도록 만든다. 자신의 계급 출신들은 일체의 일탈도 허용하지 않는다. 예를 들어 민중계급의 남성들은 자신이 남성적으로 보이길 바라며 이것이 큰 가치라고 의미를 부여한다. 이것은 일종의 남성우월적 이데올로기가 그대로 반영된 것이라고 할 수 있다. 동일한 맥락에서 그들은 여성이 바지 입는 것을 싫어하며, 여성성에 대해 매우 획일적인 가치관을 가지고 있다. 육체적 사랑의 중요성을 낮게 평가하고 순결을 강조한다. 미적인 기준을 전혀 인정하지 않는 민중 취향은 학생운동에 참여하는 것을 바보짓으로 간주한다. 이것이 민중계급의 현실주의적 태도이다.

이것은 지배자의 시선으로 자신의 정체성을 파악하고 있다는 사실을 반증한다. "지배의 효과"가 민중계급의 취향에 각인되어 있는 것이다.

피지배적 위치에 자신을 적응시키는 것은 어떤 형태로든 지배를 수용하는 것이다. 자본주의 사회에서 민중계급의 자기 평가는 학교나 시장을 통한 인증을 거치지 않을 수 없다. 이때 가장 중요한 인증 기준은 직업상의 지위와 수입이며, 이것이 자신의 사회적 가치를 규정하는 상징적 지배로 작용한다. 민중계급은 경제적 약자로서 무능력과 좌절감에 빠져 있는데, 이런 경향은 상품을 구입할 때도 그대로 드러난다. 그들은 사치재를 선망하면서도 그것을 구입할 수 없는 좌절감을 대체재를 선호하는 것으로 극복한다. 예를 들어 샴페인 대신 발포성 와인, 진짜 가죽 대신에 모조 가죽, 진품의 회화 작품 대신 조잡한 석판화를 자주 구입하는 것이다. 이러한 맥락에서 보면 대중문화와 문화상품(대중음악, TV 오락 프로, 스포츠)은 민중계급의 좌절감을 표현하는 일상적인 출구이다. 즉 팬이 된다는 것은 문화적 박탈을 보상하는 수동적이고 허구적인 참여에 불과하다

다시 말해 민중계급은 경제적 수준에서뿐만 아니라 문화적 수

준에서도 박탈당해, 사회적으로 완벽하게 소외되었다. 그럼에도 불구하고 그들은 스스로가 소외된 상태라는 걸 깨닫지 못하고 있다. 이것은 지배효과가 민중계급에게 완벽하게 승인되었음을 의미한다. 이때 이와 같은 오인과 승인의 효과를 만들어내는 중요한 기제가 바로 학교 제도이다. 교육 제도는 사회의 위계구조를 변형된 형태로 재생산하는 객체화된 분류 체계이다. 학교를 통해서 사회적 가치와 개인적 가치는 동일시되고 학력상의 위엄은 인간으로서의 위엄과 동일시된다. 그리하여 학력 자격은 곧 자연권이라는 가치가 사회적으로 인정된다. 피지배계급이 자신의 객관적 이해를 발견하고 자신들의 이해관계에 부합하는 문제 틀을 만들어내는 것은 학교 제도를 통해서이다. 문화적 박탈의 사회적·경제적 요인을 자각하는 정도는 문화적 박탈의 정도와 거의 반비례한다. 다음의 설문조사가 이것을 증명한다.

1. 학업을 지속할 수 있는지 그 여부를 좌우하는 요인에 대한 설문 결과

	무응답	지능	사회적 배경
농업 종사자	6	65	29
생산직 노동자	3	55	42
장인/상인	1	55	42
일반관리직	4	45	51
상급관리직	4	52	44

2. '인생에서 성공을 좌우하는 요인'에 대한 설문조사

	무응답	직업의식	사회배경	지능	교육수준
농업 종사자	-	51	13	21	15
생산직 노동자	2	48	11	19	20
장인/상인	-	45	9	35	11
일반관리직	2	34	18	28	18
상급관리직	5	34	18	35	8

3. '불평등 감소 방안(프랑스에서 청년층의 기회 불균등을 줄일 수 있는 최선의 방안)'에 대한 설문조사

	농업 종사자	생산직 노동자	경영자	사무노동자 일반관리직	상급관리직 자유업
상속세의 근본 개혁	-	3	-	16	
교육의 완전한 민주화	10.5	16.5	-	25	29.5
박탈된 사람에 대한 사회복지의 증대	38	50.5	71	49	23.5
사기업의 국유화	-	4	-	3.5	-
국가경제의 활성화	24	20	8	18	38
무의견	27.5	6	21	3.5	3

농업 종사자가 교육이나 문화 정보에서 가장 박탈당한 계급이며, 상식적인 수준에서 이들이 사회적 불평등에 가장 불만이 많은 계급이라고 예상해볼 수 있을 것이다. 그러나 학업의 지속 여부와 인생의 성공 요인을 묻는 설문 결과에서 나타나듯이, 이들이 사회적 박탈이나 경제적 불평등을 인식하는 수준은 가장 낮다. 다시 말해 경제적 불평등, 사회적 불평등을 자신의 탓으로 손쉽게 인식한다는 것이다. 이것은 세계를 이해하고 비판할 수 있는 자신의 언어가 부족하다는 사실을 웅변한다. 특히 농업 종사자들 중에서 사회적 불평등을 해소하는 방안에 대해 무응답을 한 비율이 가장 높다는 점은 그들이 자신의 정치 언어를 소유하지 못한 계급이라는 점을 보여주는 것이다. 이것이 그람시가 말한 헤게모니적 지배이다.

노동자 중에서 정치적 자각이 높은 경우는 문화와 언어에 관한 지배자의 규범과 가치체계에 깊이 종속되어 있는 경우이다. 이것은 비단 정치 언어에만 국한되지 않는다. 도시 노동자 계급의 민중예술이 존재하지 않는다는 사실을 통해서 우리는 문화적 지배가 존재한다는 사실도 깨달아야 한다. 피지배계급은 자신의 위치를 부정적인 것으로 이해하며, "빼앗긴 자"로서의 정체성을 가질 뿐이다. 일상생활에서 흔히 드러나는 복장, 가구, 액세서리에 대해 조사해보면 지배/피지배의 구도가 잘 대비된다. 문화적 정통성에 대해 전면적으로 승인할 때 정치적 정통성을 부여받고 자신의 정체성을 유지할 수 있는 것이다.

한국의 사례: 한국 노동자 문화의 성격을 알아보기 위해 선행 연구 결과에 주목해보자. 박해광의「한국 노동자 문화의 성격: 대중문화와의 관계를 중심으로」(《민주주의와 인권》, 제8권, 3호)가 좋은 지침이 된다. 이 논문에서 박해광은 노동자들이 대중문화를 향유하는 특징을 몇 가지 지표로 요약하고 있다. 즉 그는 영화 소비, 신문의 소비, 텔레비전 이용, 대중가요 선호도, 의상과 헤어스타일, 음악에 대한 선호, 실내장식 취미 등의 변수들과 노동자들의 성, 연령, 학력, 근속 연수, 개인소득 간의 상관관계를 분석한다.

영화 소비의 경우 액션물에 대한 선호가 높은 경우는 남성적, 하위문화적 형태를 대변한다. 현재 한국에서 방영되는 액션영화는 대부분 할리우드 블록버스터라는 가장 대중적인 문화 측면을 반영하고 있다. 분석 결과는 오로지 성별 차이, 즉 남성적인 문화라는 사실을 보여준다. 한국에서는 중하층계급에서 액션영화의 선호도가 높은 것으로 나타난다.

신문의 오락적 이용에 대한 분석 결과는 연령, 학력, 개인소득과 깊은 관련성이 있음을 보여준다. 신문의 오락적 이용은 연령이 낮을수록 더 강하게 나타나며, 학력별로는 낮은 학력에서, 즉 화이트칼라 노동자보다는 생산직 노동자의 문화에 가깝다는 것을 보여준다. 개인소득에서는 소득이 낮은 집단에서 신문의 오락적 이용이 더 강하게 나타난다. 따라서 신문의 오락적 이용은 노동자 계급 중에서도 생산직 육체노동자, 저소득층, 그리고 젊은 노동자 계층의 문화적 양상이라고 할 수 있다.

텔레비전 몰입 정도를 측정한 결과는 학력 및 개인소득과 관련이 있는 것으로 드러났다. 텔레비전 몰입이 화이트칼라 노동자보다는 생산직 노동자 쪽에서 강하게 나타났다. 대중가요 선호에 대한 분석 결과에서 흥미로운 사실은 대중가요 선호가 남성 노동자보다는 여성 노동자의 문화적 특성으로 표현된다는 점이다. 개인소득별로는 소득이 낮은 노동자들에서 대중가요 선호가 보다 뚜렷한 것으로 나타났다.
　의상과 헤어스타일에 대한 분석 결과는 연예인 흉내 내기 현상을 둘러싸고 성별 차이가 나타났다. 남성보다는 여성 노동자가 더 연예인을 모방하는 경향이 있으며, 연령별로는 젊은 노동자, 그리고 저소득층에서 더 높은 비율을 보인다.
　음악에 대한 선호의 차이는 뚜렷한 직종별 편차를 보인다. 생산직과 사무직에 비해 전문직의 클래식 음악 선호가 상대적으로 높다는 것이 확연히 드러나는데, 이러한 응답 형태는 국악 및 재즈 음악에 대한 선호의 분포도와 매우 유사하다. 생산직과 사무직은 국악 및 재즈 음악에 대한 선호가 비슷한 비율을 보이는 반면, 전문직만이 상대적으로 높은 선호 비율을 보여주고 있다. 클래식 음악이나 재즈 및 국악은 고급 취향과 차이를 드러내려는 욕구를 반영한 것으로 해석해도 무방하다. 대중가요 중 발라드 음악은 전 직종에서 매우 높은 선호도를 보였지만, 생산직의 선호가 사무직이나 전문직에 비해 상대적으로 낮다. 반면 댄스 음악은 전문직보다는 생산직과 사무직의 취향에 가깝다. 대중음악 중 트로트는 압도적으로 생산직 노동자의 취향으로 나타난다. 마지막으로 노동가요에 대한 선호는 사무직이 가장 낮고, 그다음이 생산직, 그리고 상대적으로 전문직의 선호가 높은 것으로 나타났다. 흥미로운 사실은 노동가요에 대한 선호가 생산직이 아닌 전문직에서 높게 나타났다는 것이다. 생산직 노동자들이 노동가요를 더 선호할 것이라는 생각은 편견으로 밝혀졌으며, 노동가요에 대한 선호는 의식과 이념적 차이, 그것을 설명하는 교육 효과 등을 고려해야만 한다.

실내장식에 대한 선호도 분석 결과는 '필요한 최소 장식'이라는 말로 요약될 수 있다. 텔레비전이나 탁자, 소파 등의 기능적 가구를 제외한 장식은 배제되거나 최소화되었다. 상대적으로 실내장식으로 일반화된 것은 사진으로, 조사 대상자 전체의 60.1퍼센트가 거실에 1개 이상의 사진을 장식해놓았다. 다음으로 오디오를 거실에 갖추어놓은 경우가 42.2퍼센트로 높은 비율을 나타냈고, 분재/화분(39.9%), 책(35.9%) 순으로 나타났다. 실내장식물의 종류에 따른 직종별 차이는 거의 발견되지 않았고, 다만 분재/화분은 생산직과 전문직이 다소 높고, 오디오는 사무직과 전문직이 다소 높은 결과를 보여준다. 이러한 결과는 실내장식물의 종류와 취향이 장식의 예술적 취향보다는 소유 능력과 과시의 지표임을 의미하는 것이다.

그동안 한국의 진보진영에서는 대중문화에 대한 노동자 계급의 저항이 높을 것이라고 기대했지만, 실증 연구가 보여주는 결과는 노동자 문화가 대중문화와 공모해 지배논리에 포섭된 것으로 나타났다. 한국에서 노동자들은 대중문화에 포섭되었을 뿐만 아니라 엘리

트주의 문화이론이 가정하는 것처럼 저급한 문화의 특성을 보인다. 한편 음주문화에서 특징적으로 보이는 남성 위주의 문화논리가 노동자의 일반적인 문화 취향을 대변하는 것으로 보인다. 이러한 음주문화가 대중문화의 하급적 문화와 공모하면서 노동자 문화와 남성문화가 서로 강화되는 것으로 보인다. 박해광의 연구에서 한 가지 아쉬운 점은 한국의 노동자 문화를 분석할 때는 노동자 문화의 역사성과 노동조합에 대한 변수가 반드시 고려되어야 하는데, 박해광의 연구에서는 이러한 점이 제대로 다루어지지 않았다.

한국의 노동자 문화 연구는 좀 더 치밀하게 세부화되어 진행되어야 한다. 이것은 노동자 문화의 논리를 이해하고, 나아가 진보진영의 사회개혁 의지를 실현하기 위해서도 매우 시급한 학문적 과제이다. 특히 노동자들의 언어적 취향과 대중문화의 상관관계를 본격적으로 연구해야 한다. 언어만이 예외적으로 지배자의 도덕과 미학의 가치를 조롱하는 민중들의 대항문화 수단이 될 수 있기 때문이다.

계급 변동

『구별짓기』 2장은 계급 이동에 대한 설명을 담고 있다. 여기서 부르디외는 교육이 계급 이동과 사회 변동의 중요한 기제라는 사실을 강조한다.

첫째, 교육은 전환 전략의 중요한 대상이라는 사실에 유의해야 한다. 재생산 전략(세대를 거쳐 계급의 특권을 유지하려는 전략)을 통해서 지배계급의 성향과 재생산을 위한 제도들(관습, 법, 노동시장의 상태, 학교 제도 등등)이 선택된다. 또 재생산의 전략은 사회적 이동(수직 이동, 횡단 이동)을 유발한다. 학력 자격을 부여하는 학교 제도는 계급 간 경계와 사회적 이동을 결정짓는 핵심이다. 이것은 교육 수요와 학력 자격의 인플레이션을 유발하지만, 경제자본을 학력자본으로 전환하는 전략을 통해 부르주아들은 상속자들에게 자신의 사회적 위치를 물려준다. 이러한 맥락에서 보면 학력 자격은 직업 수행 능력을 보증할 뿐만 아니라 귀족 칭호를 부여하는 역할을 한다. 이것이 계급 정체성을 형성하는 가장 중요한 부분이다. 따라서 부르주아들은 교육이 일반화됨으로써 학력 자격이 인플레이션되고, 이를 통해서 자신의 학력 자격의 가치가 평가절하되는 것을 막기 위한 조치들을 단행한다. 학력 자격과 직업의 접근성의 상호관련성은 시대가 변화함에 따라서 점차 달라지거나, 괴리가 커지기도 한다. 그러므로 계급으로부터 탈락하지 않기 위해 계급투쟁이 발생하는데, 이것이 오늘날 사회 변동의 가장 중요한 요인이다.

둘째, 취학 인구가 대폭 증가함에 따라서 학교 제도는 크게 변화한다. 일단 모든 계급이 학교에 진입하는 것이 가능하지만, 학교 제도는 '기대 수준'을 조절하는 방식으로 민중계급의 상승 욕구를 통제한다. 이러한 과정을 통해서 민중계급은 자신의 기대치가 불법으로 억압당했다는 생각을 못하게 되는 것이다. 이것이 현대 사회의 허위의식이다. 사회 구조가 변화하여 민중계급이 대학에 진학하는 비율이 증가했다고 해도, 그들의 계급적 위치는 변화하지 않는다.

사회 구조의 재생산은 투쟁을 통해서 이루어지는데, 피지배계급이 투쟁에 참여하는 동안 이것은 분배 구조의 단순한 이동으로 간주된다. 결국 지배자들이 내건 "내깃돈"을 인정하는 수준에서만 사회적 구조 변동이 가능해진다는 것이다.

한국의 사례: 한국에서도 그동안 학교 제도와 계급 재생산의 상관관계를 연구한 논문들이 축적되어왔다. 그중에서 한국 사회의 불평등 구조를 교육 체계와 연결한 송경원의 연구논문이 매우 유효하다.[11] 우선 한국에서의 학업 성취도에 대한 계급의 영향력을 알아보는 것이 중요하다. 송경원의 연구 결과 아버지의 교육 수준과 직업이 자녀의 교육 수준을 결정하는 데 큰 영향을 미치는 것으로 나타났다. 또 아버지의 교육 수준과 가정의 사회경제적 배경이 자녀의 학업 성적에 미치는 영향과, 자녀의 학업 성적이 자녀의 교육 수준에 미치는 영향이 점차 커져가고 있다. 따라서 교육 기회가 대폭 확대됨에 따라서 전반적인 교육 수준이 상승하여 교육 수준에 미치는 가정 배경의 직접적인 영향은 감소했으나, 그 영향은 자녀의 학업 성적이라는 질적인 차원으로 변질되어 각급 학교에서 학생들을 차별화하는 내적 불평등 재생산구조를 강화하고 있다.

한편 세대 간 계급 이동의 경향성이 점차 둔화되고 세습의 경향은 증가하는 반면, 상승 이동의 가능성은 줄어들고 있다. 1989년을 기준으로 80퍼센트에 달하는 높은 이동률은 대부분 신중간계급의 하층부와 노동계급의 상

11 송경원, 「한국의 계급구조와 교육체계」, 《진보평론》, 2001, 겨울호.

층부 간의 근거리 이동을 반영한다. 따라서 당시의 높은 이동이 가능했던 것은 한국 사회의 계급 간 장벽이 허물어져서가 아니라 계급의 양적 성장과 내적 분화 때문이라고 판단할 수 있다. 다시 말해 하층계급에서 중간계급을 뛰어넘어 상층계급으로 이동하기는 매우 어렵다고 할 수 있다. 결국 한국 사회는 사회 이동이 어려워지는 폐쇄적인 형태로 계급구조화가 이루어지고 있다고 결론짓고 있다.

1970년대와 1980년대에 대학 교육을 받을 수 있는 기회가 증가했지만 이는 출신 계급별 불평등 구조를 변화시키지 못했다. 즉 대학 교육 기회는 상대적으로 적은 인구를 점유하는 유리한 계급 출신자에 의해 우선적으로 채워지고, 나머지가 불리한 계급 출신자의 몫으로 돌아갔다. 이러한 맥락에서 1970년대 이후 진행된 교육 기회 확대는 노동계급이나 도시하층민 등이 아니라 중상층 이상의 계급에게 큰 혜택을 준 것이다.

4장 문화와 정치: 공공 영역과 사적 영역을 넘어서

『구별짓기』 8장에서 부르디외는 문화와 정치의 상관관계를 논하고 있다. 필자는 『구별짓기』의 가장 중요한 부분이 바로 8장이라고 생각한다. 그 이유는 문화 취향이 현대 사회에서 중요한 역할을 하는 이유는 정치가 공공 영역에 한정되지 않고, 생활세계의 영역, 즉 사적 영역에까지 확장되기 때문이다. 이것은 전통적으로 공적 영역과 사적 영역을 엄격하게 분리하고 공공 영역만을 정치의 대상으로 간주해왔던 서구 사상의 흐름(한나 아렌트, 하버마스가 대표적인 학자이다)을 정면으로 공격하는 것이다. 보통 부르디외에 대한 비판점들이 『구별짓기』에서 진행된 실증 조사에 모아지고 있지만, 부르디외 사회학의 진면목을 정확히 파악하기 위해서는 사상적으로 부르디외

사유의 장단점을 따져보는 것이 중요하다. 이처럼 사상에 대한 비판적 음미를 하기에 가장 적절한 대상이 바로 8장이다.

부르디외는 『구별짓기』 8장을 정치적 무관심에 대해 논하면서 시작한다. 정치적 의견을 묻는 질문에 보통 사람들은 자주 "잘 모르겠다"라고 대답한다. 또 우리는 주위에서 투표 날에 기권하는 사람을 자주 본다. 그런데 "모른다"는 응답은 정말 주어진 사안에 대해서 모르기 때문에 나오는 것일까? 정치적 무응답은 어디서 유래하는가? 왜 사람들은 정치적 권리 행사를 스스로 포기하는 것일까?

부르디외에 따르면 그동안 정치학은 정치적 무응답이나 기권 행위를 두고 개탄하는 것에 만족해왔을 뿐, 이러한 행위가 생겨나는 원인을 밝혀내는 데 실패했다고 비판한다. 따라서 그는 개인적 의견이 생산되고 표현되는 사회적 과정을 설명해야 한다고 강조한다. 개인적 의견이라는 개념은 18세기의 사회적 산물이다. 데카르트나 칸트 같은 철학자들은 인식 주체가 옳음/그름을 판단할 수 있을 만큼 합리적이며, 즉각적인 감정을 두고 선과 악을 구분할 수 있는 보편적인 능력이 있다고 가정했다. 또 이러한 인간학적 발상을 근거로 근대 민주주의 정치이론가들은 개인들의 정치적 판단력에 동등한 권한을 부여하기 위해 1인 1표제를 제도적으로 정착시켰고, 다수결의 원칙에 따라 민의를 파악하고자 했다. 물론 이러한 인간학과 민주제도론에 대한 확신은 19세기 보편 교육의 확산에 크게 의존한 바 있다.

그러나 오늘날엔 현대 정치의 주체가 감성적으로 일관성을 유지하면서 합리적인 투표 행위를 한다고 말하기 어렵게 되었다. 그들의 투표 행위나 설문에 대한 답변을 보면, 계급적 일관성도 실종된 듯하다. 이러한 현상을 두고 "정치 주체의 죽음"이라고 이름 붙여볼 만하다. 이러한 맥락에서 보면 인식 주체의 죽음을 외쳤던 데리다, 라캉, 푸코에 이어 부르디외는 정치사회학 분야에서 포스트모던적 사고를 전개한 학자이다.

현대 정치의 이러한 병리현상을 설명하는 데는 세 가지 방법이 있다. 첫째는, 인간 의식의 내면으로 파고들어 무의식과 비합리성의 요소들을 파헤치는 것이다. 둘째는, 개인의 판단력을 왜곡시키는 사회적 구조를 살펴보는 것이다. 셋째는, 의식의 내면과 사회적 구조를 동시에 파악하는 것이다. 첫째는 라캉으로부터, 프레드릭 제임슨과 슬라보예 지젝으로 이어지는 무의식 정치학의 길이고, 둘째는, 마르크스의 문제의식을 이어받은 독일의 비판이론의 전통이며, 셋째는, 부르디외로 대표되는 구성주의적 방법론이다.

부르디외는 정치적 의견을 설명하는 방식을 8장의 서두에서 일목요연하게 정리하고 있다. 우선 구조적인 요인이 작동하는 "이데올로기적 생산의 장champ de production idéologique"이 있다. 여기서는 특정 시기에 객관적으로 사용 가능한, 사회 세계에 대한 사고 수단들이 경쟁과 갈등 속에서 창조되고, 이 과정을 통해서 정치적으로 생각할 수 있는 것들이 결정된다. 다른 한편에는 "사회적 행위자"가 있다. 이들은 특수한 정치적 역량에 따라서 사회적 위상이 결정된다. 정치적 역량이란 정치 문제를 인식하고 답변하며 취급할 수 있는 능력을 말하는 것으로 이것은 정치 주체 스스로가 자신이 유능하다는 감정을 가질 때 발휘되는 것이다. 이렇게 놓고 보면 인간의 감성과 무의식을 다루는 부르디외의 태도는 정신분석과 사회학의 양자를 종합하려는 시도라고 평가할 수 있다. 결국 이러한 두 축이 어떻게 서로에게 영향을 주는가를 밝혀낼 때 개인적 의견의 생성과 표현 방식을 이해할 수 있게 된다.

이데올로기 생산의 장(구조적 요인)

구조적인 요인으로 부르디외는 여론조사와 신문의 구독 방식에 집중한다.

1) 여론조사의 경우
다음과 같은 몇 가지 사례를 통해서 질문의 구성 방식과 무응답의 변화율을 추적해보자.

a. "프랑스는 가난한 나라를 원조해야 하나?"
b. "프랑스가 민주주의 체제를 가진 나라들에 관심을 가져야 하는가?"
c. "프랑스는 저개발 국가들에 대한 원조를 증가해야 하는가, 현 상태로 유지해야 하는가, 아니면 감소하거나 마침내 폐지해야 하는가?"

질문 a의 경우 부동층의 응답률은 81퍼센트이다. 이것은 극좌파 (91%), 좌파(90%), 중도파(86%), 우파(93%), 극우파(92%)의 응답률과 크게 차이가 나지 않는다. 그런데 b의 경우는 양상이 다르다. 부동층의 응답률은 51퍼센트이며, 극좌파 76퍼센트, 좌파 67퍼센트, 중도파 75퍼센트, 우파 70퍼센트, 극우파 74퍼센트로 나타난다. c의 경우 부동층의 응답률은 82퍼센트, 극좌파 93퍼센트, 좌파 94퍼센트, 중도파 93퍼센트, 우파 94퍼센트, 극우파 99퍼센트였다. 결국 여론조사에서 나타나는 무응답률과 그것의 범주별 변화에 주목하는 것이 중요한데, 이것은 질문의 속성과 응답자의 속성 사이의 관계에 따라서 달라진다. 부르디외에 따르면, 제기된 문제들이 경험과 동떨어진 것일수록, 그 내용과 표현이 평범한 현실과는 거리가 먼 추상적인 것일수록, 그리고 제기된 문제들이 문자 그대로 정치적 원리들에 기반을 둔 대답을 요구할수록 응답의 변화가 크게 달라진다.

다시 몇 가지 설문조사의 경우를 생각해보자.

a. "임금노동자조합이 현재 프랑스에서 수행하는 역할을 인정하는가? 부인하는가?"
b. "학교에 성교육 교과 과정을 신설하는 것을 찬성하는가?"
c. "프랑스는 외국인 노동자들이 거주하도록 충분한 노력을 기울이는가 아니면 불충분한가?"
d. "프랑스-알제리 관계에 대해서, 프랑스가 알제리와의 협력정책

을 추구하는 것이 바람직하다고 생각하는가?"

질문 a의 경우는 사회적 갈등과 관련된 것으로 생산직 노동자는 19퍼센트, 일반관리직 19퍼센트, 경영자 27퍼센트, 농업 종사자는 41퍼센트의 무응답률을 보였다. 농부의 무응답률이 높은 것은 그들이 노동자 조직에 대해 잘 모르고 있어서이므로 단지 그들의 무능 탓으로만 돌릴 수는 없다. b의 경우는 농업 종사자 중 19퍼센트는 무응답했고, 48퍼센트는 찬성했다. 반면, 상급관리직/자유업 74퍼센트, 생산직/사무직 노동자/일반관리직 72퍼센트, 상공업경영자 60퍼센트는 찬성했다. 이것은 일상생활과 관련된 질문으로 구체적이고 전문적인 식견을 필요로 하지 않는다는 점에서 무응답률이 상대적으로 낮았으며, 학력이 높을수록 찬성하는 비율이 높아졌다. c와 d는 남성과 여성 사이에 나타나는 무응답의 차이를 설명해준다. c에 대해서는 남성/여성이 각각 75/70퍼센트의 응답률을 보이는데 반해, d에 대해서는 남성/여성의 응답률이 각각 92/75퍼센트로 확연한 차이를 보인다.

결국 노사 간의 갈등을 해소하기 위한 정부의 역할을 묻는 질문에 대해서 하층노동자와 상인, 농업노동자 들의 무응답 비율이 높았다. 이것은 조직에 대한 무지와 더불어 사안에 대한 전문적 식견이 결여된 탓으로 해석할 수 있다. 반면 집단적 이해관계와 직접적인 관련이 없는 질문을 하는 경우 응답률은 높아진다. 그리고 순수하게 정치학적 질문이거나 질문의 내용이 전문적이지 않을 때 남녀 간의 무응답 비율 차이는 작아지며, 학력의 차이도 크지 않다.

민주정치체제에서는 여론에 대해서 상충된 시각이 존재한다. 사람들이 스스로 지성과 역량에 따라서 자신의 의사를 개진한다는 생각과 관료적 전문성에 근거하여 특정한 정치인들이 여론을 주도해야 한다는 생각이 충돌하는 것이다. 그런데 앞서의 여론조사에서 나타난 무응답 비율을 살펴보면 유권자들 스스로가 자신의 정치적 의사 표시를 할 수 있는 가능성을 스스로 포기하고 있다.

2) 신문 구독의 경우

신문이 독자들을 상대로 발휘하는 이데올로기 효과는 신문이 지향하는 정치이념이나 정치 사건에 할애된 기사의 수/칼럼의 수에 의해서 결정되는 것이 아니다. 오히려 신문의 정치적 효과는 신문과 독자들이 맺고 있는 관계에 의해 결정된다. 이러한 특징을 이해하기 위해서는 다음과 같은 사실에 주목해야 한다.

첫째, 정통지와 옴니버스식 신문의 대립을 이해해야 한다. 전자의 경우는 교육 수준이 높을수록 구독률이 높아진다. 이것은 독자들이 스스로를 정통적인 정치와 문화의 세계에 정당하게 소속되어 있다는 감정을 갖게 하는 데 크게 기여한다. 다시 말해 정통지를 읽는다는 것은 자신이 정치를 이해하고, 정치에 대해 말할 자격이 있다는 자부심과 관련된 것이다. 반면 옴니버스식 대중지들은(《프랑수와-수와르》,《르 파리지엥》) 주로 민중계급에서 구독률이 높다. 또 여자들이 남자들보다 비정치적 기사를 선호한다.

둘째, 보도지/저속지의 대립을 통해 정치 주체의 성격을 이해해야 한다. 보도지를 읽는 사람들은 정치 분석에서 지상의 혼란을 위에서 내려다볼 수 있는 관찰자로서의 거리나 높이를 전제하는 것이다. 반면에 저속지를 구독하는 사람들은 사회에 대한 자신의 입장을 분명히 할 수 있는 사람들이다. 이것은 정치에 대한 이성/감성의 대립, 성찰/감각의 대립을 분명히 표현해주는 지표이다. 또 이러한 두 신문의 경우는 정치에 대한 의사표현을 능동적으로 하는 사람/수동적으로 하는 사람의 대립도 분명하게 반영한다.

셋째, 경제적 자본/문화적 자본의 대립으로 인한 신문 구독의 차이를 이해해야 한다. 일반기술자(공장의 세계, 육체노동)와 사무직 기술자(사무실의 세계, 정신노동)의 차이는 이 점을 분명히 해준다. 전자의 경우는 정통지의 구독률이 낮고, 옴니버스식 신문을 많이 보는 반면, 후자의 경우는 정통지나 보도지를 읽는 경우가 더 많다. 이러한 차이는 임금은 높지만 단순노동과 문화적 지배를 당하는 분파와, 임금은 낮지만 정신노동을 통해서 사회에 대해 비판적 거리를 유지할 수 있는 분파의 차이에서 유래한다. 이것은 중간계급을 기준으로 할 경우 확연히 드러난다. 경제자본이 높은 순으로 보면 장인, 소상인, 공업경영자, 대상인이 존재하고, 문화자본이 높은 순으로 보면 사무노동자, 일반관리직과 초등학교 교사, 자유업, 상급기술자, 상급관리직, 교수 등이 있다. 전자들은 신문 구독률이 낮고, 옴니버스식 신문을 본다. 반면 후자들은 정통지, 전국지의 구독률이 높고, 보도지를 많이 본다.

넷째, 세대 간 대립을 이해해야 한다. 노년층/청년층의 대립 구도는 보수와 진보로 대립되는 일간지를 구독하는 비율로 나타난다.

이러한 대립은 경제/문화를 한 축으로, 자본의 총량을 다른 한 축으로 하여 4가지 사상으로 사회 공간을 만들어볼 수 있다. 즉 지배적 지배자(1상한)/피지배적 지배자(2상한)/피지배적 피지배자(3상한)/지배적 저항자(4상한)로 분류할 수 있으며, 여기에 대응하는 신문의 구독 상황과 정치적 이념 성향, 지지 정당, 계급별 분포를 그려볼 수 있는 것이다.

사회적 행위자

부르디외에 따르면 설문에 대한 대답이나 투표 행위와 같은 정치적 표현은 세 가지 요인에 의해서 결정된다. 첫째, 주입의 효과, 둘째, 사회적 조건화의 효과, 셋째, 궤적의 효과.

첫째, 주입의 효과는 주로 가정교육이나 학교 교육에서 비롯된다. 특히 부르디외의 경우는 학교 교육을 통한 계급적 에토스 효과를 강조한다. 좋은 학교를 졸업했다는 자부심은 자신이 정치에 대해 판단하고, 토론할 수 있다는 행동 이념으로 전환된다. 결국 학력자본이 정치에 개입할 수 있는 능력으로 작용하는 것이다. 이것이 정치적 발언권과 무응답을 만들어내는 핵심적인 과정이다. 학력자본이 부족하고, 사회적으로 공인되지 못한 신분을 가진 사람들은 스스로 정치적 발언권이 떨어진다고 생각하게 된다. 사회적 무능력은 개인적 감정으로 전이되어 스스로 언어 능력을 박탈하고 타인에게 자신의 의견을 전이하는 결과를 초래한다. 자신의 대변자를 선택함으로써 자신의 발언권을 선택하는 암묵적 위임이고 무언의 자기 위탁이다. 이것이 "승인된 박탈", "체념적 인정", "타인에의 완전한 위탁"이다.

여기서 대변자와 대리인의 비대칭적 관계가 발생한다. 유권자의 정치적 선택은 사상, 의견, 기획, 정강정책과 계획에 대한 선택을 의미하는데, 이러한 과정은 언제나 유권자(대리인)가 대변자를 이해하고(이성적 수준), 신뢰하는(감성적 수준) 인격적 만남을 전제로 한다. 다시 말해 정치공약과 프로그램들은 말로 표현된 공약이나 프로그램을 넘어서 정치인의 인격적 차원(말투, 표정, 매너 등등)을 포함한다. 이를 육화된 프로그램이라고 말할 수 있다. 유권자들이 정치인을 선택하고 투표하는 기준은 객관적 조건이 아니라 성향의 차이라고 볼 수 있다. 그런데 이러한 성향의 차이는 문화적으로 길들여진 육체적 습관과 동의어이다. 유권자들은 바로 육체적으로 예감되는 미묘한 차이를 통해서 정당과 정치인을 선택한다.

이렇게 놓고 보면 개인적인 의견의 생산은 다음과 같은 세 가지 단계를 거친다. 첫째, 선택한 정당이 제시한 노선을 객관적인 수준에서 식별하는 단계이다. 둘째, 체계적 정치 방침의 단계로서 정치노선을 산술적 이해관계의 수준에서 검토한다. 셋째, 계급 에토스의 단계로서 객관성을 넘어서 개인들의 감성이 개입하는데, 자신에게 익숙해진 계급적 무의식이 정치인의 인격과 개성을 판단하는 단계이다.

둘째, 사회적 조건화의 효과는 다음과 같이 상세하게 설명될 수 있다. 정치 주체를 경제자본과 문화자본이라는 두 가지 요인에 의해서 사회 공간에 위치시켜볼 수 있다. 이때 두 가지 자본의 총량이 증가함에 따라서, 혹은 경제자본의 비중이 증가함에 따라서, 우파에 투표하는 경향이 많다. 반면 좌파에 투표하는 경향은 그 반대이다. 결국 정치 주체의 객관적 성향이 경제자본에 의해 설명될 수 있다면, 계급적 무의식(에토스)은 주로 문화적 자본에 의해서 설명될 수 있다.

셋째, 궤적의 효과는 정치 주체의 사회적 변동과 관련된다. 상승하는 중간계급과 하락하는 중간계급의 비교에서 잘 설명되었듯이, 주어진 현재의 시점에서 동일한 사회 계급으로 평가되는 정치 주체들이 상이한 정치적 판단을 내리는 이유는 바로 과거에 대한 기억이나 성향이 반영되기 때문이다. 개인이 사회적 공간에서 점유하는 위치에 대한 자각과 그 위치에 대해 환멸을 느끼는(혹은 만족하는) 관계는 시간적인 요인에 의해 설명될 수 있다. 개인(혹은 집단)이 미래에 대해 진보적 성향을 갖거나, 낙관주의적 태도를 보이게 되는 요인 중 하나는 과거에서 유래하는 집단적 기억이나 특성과 관련된다.

마르크시즘의 계급이론은 계급적 특성에서 벗어나는 행위를 허위의식이라고 설명하면서, 허위의식을 물질적 근거에서 찾은 바 있다. 『독일 이데올로기』에서 보이는 "의식의 전도" 현상이 그 전형적인 예이다. 이 시기에 마르크스는 이데올로기를 사회적 노동 행위와 관련해 설명함으로써 계급 이해의 모순과 충돌 과정을 은폐하는 것이 바로 이데올로기이며, 여기서 개인들의 허위의식이 발생한다고 주장한다. 그러나 『자본론』에 이르면 허위의식은 물신숭배라는 개념으로 바뀐다. 이른바 후기 마르크스는 인간의 실존을 규정하는 경제 구조를 강조하면서 인간 의식을 객체화하는 상품 관계를 설명한다. 즉 허위의식은 자본주의 생산 구조 안에서 필연적으로 생기는 것이다. 『독일 이데올로기』 시대의 마르크스가 허위의식을 순수의식과 대립시키고 있었다면, 『자본론』 시대의 마르크스에게 순수의식의 가능성은 이미 사라지고 없다. 의식을 지배하는 것은 하부구조이며, 따라서 자본주의 체제가 사라지지 않는다면 의식의 순수함 자체가 불가능하기 때문이다.

그런데 의식의 왜곡을 설명하는 마르크시즘은 의식이 물질적 기반과 조응하는 구체적인 과정에 대해서는 설명하지 않는다. 다시 말해 의식의 내적 구성이나 사회 주체의 행위에 미치는 영향력은 미지수로 남겨져 있다. 부르디외의 사회학은 바로 이러한 한계를 극복하는 데 공헌한다. 부르디외가 제안하는 "허위의 동일시Fauss identification" 개념은 정치권력이 정당한 것으로 인정되는 과정에 문화가 어떻게 개입하는지, 또 그것이 사회의 지배구조를 어떻게 재생산하는지를 탐색할 수 있는 단초를 준다. 부르디외는 현대 사회의 정치 지배 특성을 상징적인 것에서 찾고 있다. 즉 의미 구조의 사슬에 따라 다르게 평가되는 것이 정치이념이기 때문에, 특정 사회 안에서의 지배란, 행위자들이 문화적으로 획득하는 인식과 평가도식이 어떻게 형성되느냐에 따라 그 효과가 달라진다.

아비투스와 정치적 의견

결국 개인적 의견은 구조적 요인과 사회적 행위자로 구성되는 변증법적 과정을 거쳐 생산되는데, 이것은 정치적 의견에만 국한되지 않고 생활세계의 취향과 밀접하게 연결되어 있으며 일관된 성향을 유지하기 때문에 아비투스라고 부를 수 있다. 즉 음악, 미술, 패션과 같은 소비성향에 부합하는 것은 물론, 생활세계의 도덕적 성향에 상응하는 정치적 의견이 발생하고 표현된다는 뜻이다. 부르디외는 여기서 일상생활의 도덕적 성향과 정치적 성향의 상관성에 주목한다.

"18세 소녀에게 원하는 대로 아무 영화나 보게 해서는 안 된다"라는 설문조사에 찬성 의사를 보인 사람들은 주로 하층계급에 속하는 농업 종사자나 소상인들이었다. 그런데 이들은 다음과 같은 정치적 질문에 가장 높은 비율로 찬성한다고 답한다. "공기업과 관청에서의 파업권에 일정한 제한을 가하는 것에 찬성하는가", "프랑스에서 노동조합의 역할은 현재보다 축소되는 것이 바람직한가."

이러한 예를 통해서 우리는 두 가지 사실에 주목해야 한다. 첫째는, 정치와 관련한 개인적 의견은 반드시 정치의 장에만 국한되지 않으며, 오히려 생활세계에서 유래할 수 있다는 것이다. 둘째는, 도덕적 완고함이 정치적 완고함으로 전이되고 있다는 사실이다. 물론 이것은 미학적 취향과도 연결되어 있다. 그림이나 음악의 취향에서 하층계급은 매우 경직되고 통속적인 수준에서 벗어나지 못했다. 그와 마찬가지로 성향(아비투스)은 미성년의 딸에게 아무 영화나 보게

할 수 없다는 도덕적 완고함으로 이어지며, 나아가 정치적으로도 파업에 대해 반대하는 입장을 보이게 된다.

강단정치학에서는 이러한 완고함을 보수주의라고 설명한다. 그러나 아비투스가 이념적 지향을 넘어서 감성적 성향과 사회적 능력에 대한 무의식을 표현하는 것이라고 한다면, 정치적 완고함을 단순히 이념적인 특성이라고 생각할 수 없다. 차라리 이것은 피지배계급이 가진 "허위의 동일시 현상"이다. 피지배계급은 정치적 지각-평가 원리를 결여하는 경우가 많아(문화자본이 취약하기 때문에) 그들의 계급 에토스는 정치적으로 불안정하다. 이것은 그들 자신이 정치적으로 생각할 수 있는 세계를 한정함으로써 지배자들의 언어에 갇혀 있음을 보여주는 것이다. 정통성을 부여받은 지배자들의 언어가 문화자본이 취약한 하층계급에게는 더 큰 강압 효과를 발휘하는데, 그 이유는 피지배자들이 자신의 정치적 의견을 개진할 수 있는 언어를 결여한 채 대부분 지배자의 언어를 빌려 자신의 의견을 개진하기 때문이다.

정치의 본질적 문제는 경험으로부터 담론으로, 말로 형성되지 않은 에토스로부터 명확히 표현되는 로고스로, 막연한 계급 감각으로부터 질서에 대한 명시적인 파악으로 진전되도록 만드는 전환의 문제인 것이다. 이러한 맥락에서 현대 정치는 바로 상징적 투쟁의 양상을 띤다.

부르디외가 일상생활의 소비 영역의 문화 취향을 분석한 뒤, 생활세계의 도덕의식과 정치적 판단을 연결 지어 분석하는 것은 큰 의미를 갖는다. 전통적으로 정치란 공적인 영역에 속하며, 개인들의 사생활은 사적 영역에 속하는 것으로 분류해왔다. 따라서 정치학은 늘 공적 영역에 해당하는 기구들, 예컨대 정당, 의회, 행정부, 시장, 군대 등을 분석의 대상으로 설정해왔다. 그런데 여기서 부르디외의 분석이 우리에게 던지는 교훈은 정치적 의견이 공적 영역에서 독자적으로 생기는 것이라기보다는 언제나 사적 영역의 문화적 취향과 관련돼 있다는 것이다. 그렇다면 정치를 공적 영역으로 한정했던 근대 정치학의 범위를 넘어서 생활세계의 영역까지 확장시켜야 한다. 옆의 그림은 지금까지의 논의를 그림으로 요약해본 것이다.

우선 정치적 장에서는 일정한 쟁점을 두고 이념투쟁이 전개된다. 여기가 좁은 의미의 정치 영역이다. 그런데 정치적 쟁점은 언제나 언론이나 학계, 그 밖의 문화의 영역(광고, 텔레비전, 영화 등)에서 간접적으로 재생산되거나 언어적 지원을 받는 것이 보통이다. 따라서 정치 언어가 공급되는 영역은 전통적인 의미에서 정치 영역과 확장된 정치 영역을 포괄하는 지점까지 확장되어야 한다. 한편 개인들은 정치 무대에서 생산된 언어를 다양한 경로를 통해 접하게 된다. 특히 언로가 급속히 확산되고 있는 현대 사회에서는, 공중파 방송이나 공식적인 정부 담론을 넘어서 인터넷 매체 등을 통해 개인들의 의사소통이 이루어지고 있다. 2010년 한국의 지방선거에서는 트위터의 역할이 지대했다. 또 정치에 대한 인식은 생활세계의 취향과 밀접한 관련을 갖는데, 그 형태는 개인들이 갖는 자본의 총량(경제자본+문화자본)과 자본 내의 구조 비율, 그리고 시간의 궤적(과거에

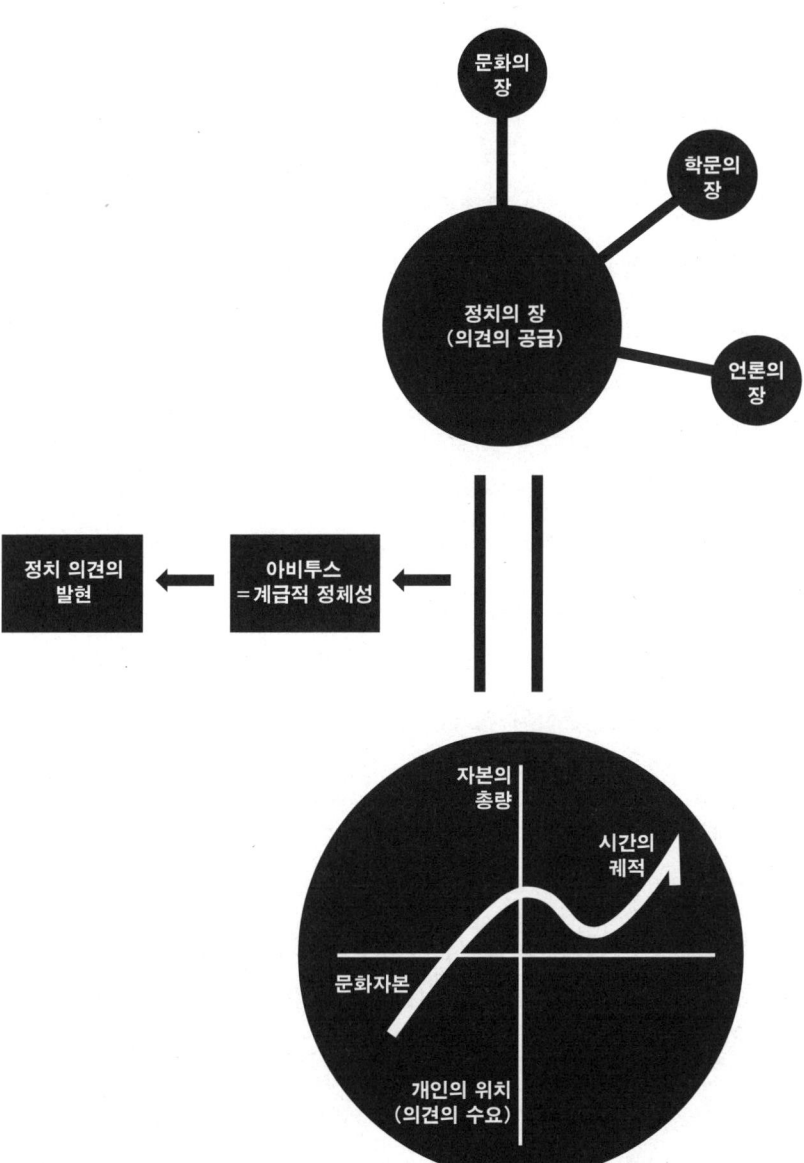

대한 기억)이 중요하게 작동한다.

이렇게 해서 정치 언어에 대한 공급과 수요가 맞물리는 지점에서 시대적 아비투스가 형성되며, 이것이 바로 계급 정체성이다. 마르크시즘이 강조하는 계급의식과 달리, 계급 정체성은 개인들의 이성과 감성을 동시에 포괄하는 개념이다. 이것은 시간에 따라서 표현 방식을 달리한다. 정치 의견의 표현은 기본적으로 계급 정체성, 즉 아비투스를 토대로 가능하다.

한국의 사례: 한국에서는 선거철이 되면 언론매체에서 여론조사를 실시해 후보자들의 지지도를 발표하는데, 내막을 살펴보면 한 가지 충격적인 사실이 드러난다. 설문 대상자의 70퍼센트 이상이 잘 모르겠다는 대답을 하고 설문 자체를 거부한다는 것이다. 그러니까 우리가 접하는 여론조사의 결과는 표본집단의 30퍼센트를 근거로 합산된 것이다. 한국의 현실에서 '여론'은 정치의 행보를 결정하는 데 매우 중요한 개념인데, 이러한 실상을 알고 나면 과연 여론의 실체를 얼마나 믿을 수 있을지 의문이 든다.

학문적 차원에서 이른바 '무응답자'들은 문자 그대로 자신의 의견을 갖지 않는 사람들이다. 대의제 민주정치는 개인들의 의견을 합산하여 여론public opinion이라고 간주하고, 이에 근거해 대표자를 선택하는 과정이다. 이러한 맥락에서 보면 자신의 의견이 없는 사람은 여론 형성을 방해하는 민주정치의 적이다. 그래서 고전적인 정치학은 이들을 도덕적으로 질타하고, 더 많은 정보와 교훈을 가르치려고 한다. 그런데 과연 이들은 몰라서 대답을 회피하는 것일까?

이러한 맥락에서 부르디외가 집필한 『문화와 정치』의 논지는 우리에게 매우 유용하다. 앞에서 설명한 바와 같이 개인의 정치적 의견은 이념이 공급되는 장과 이념이 소비되는 장이 중첩되어 생산된다. 예를 들어 언론에서 다루어지는 기사, 정치인들이 만들어내는 정책공약, 지식인들이 기고하는 학술적 논평 등이 이념 공급의 장에서 중요한 역할을 한다. 한편 이러한 요인들은 개인의 계급별 위치에 따라서 다르게 소비된다. 경제적 기준에 따른 부자/빈자의 구분뿐만 아니라 문화적 자본을 소유한 정도에 따른 지배자/피지배자로 나누어질 수 있다. 특히 오늘날 한국 정치에서는 후자의 구분이 더욱 중요하다. 동일한 경제적 기반이라고 할지라도 공급된 언어들을 평가하고 비판할 수 있는 사람과 그렇지 못한 사람의 정치적 의견이 크게 변화되기 때문이다. 즉 학위 정도, 친분 집단, 지역별 특성에 따라서 이념 공급의 장에서 유통되는 정치 언어에 대한 감각이 다르다는 것이다.

특히 문화적 자본이 취약한 사람은 정치적 가치관을 묻는 설문조사의 문항 형식에 따라 정치적 답변이 달라진다. 예를 들어 대북지원에 대한 현 정부의 태도를 묻는 질문에 만일 "어떠한 조건 아래서도 대북지원은 지속되어야 하는가?"라는 문항이 있다면, "어떠한 조건"이라는 수식어로 인해서 대북지원에 긍정적인 생각을 가진 사람조차 쉽게 대답을 하기 어려운 경우가 생기게 된다. 언론에 동원되는 정치 언어도 중요하다. "민족경제", "경제발전" 등의 단어는 한국 현대 정치사에서 오랫동안 무게를 인정받아온 정치 언어임에 반해, "노사합의", "균형성장" 따위의 단어들은 정치 공급의 장에서 비교적 새롭게 등장한 단어들이다. 그런데 이러한 단어들이 설문조사의 항목에 불균형하게 배치되었을 경우 응답자들은 자신의 정치적 입장을 분명히 밝힐 수 없다. 또 한미 FTA와 같이 경제적 공과를 측정하기가 매우 어려운 쟁점을 두고 전문적인 사안을 묻게 되면 구체적인 경제지표를 이해하지 못하는 일반 국민들은 상당수 무응답자로 전락할 수밖에 없다.

70퍼센트의 무응답자와 달리 30퍼센트의 응답자들은 분명 정치 언어를 풍부하게 가진 상층부, 지배계급일 가능성이 높다. 그들의 문화적 자본은 자신의 정치적 의사를 분명하게 밝힐 수 있는 능력일 뿐만 아니라, 사회적 약자나 서민층에게 자신의 의견을 간접적으로 강제할 수 있는 상징적 권력으로도 사용된다. 1960년대 이후 서유럽 사회에서 상당수의 노동자들과 서민층들이 보수정당에 표를 던지는 사례가 학문적으로 민감한 쟁점이 되었는데, 이러한 현상이 한국 정치에서도 선거철마다 반복되고 있다. 즉 일반 민중이나 피지배층이 자신을 대표하는 정치가를 선택하는 데 "허위의 동일시" 현상에 빠져 있는 것이다. 여기에 여론조사 자체가 악영향을 미칠 수 있다는 가능성이 제기되고 있어 학문적으로나 현실 정치적으로나, 심각한 문제가 아닐 수 없다.

이러한 문제를 해결하기 위해서는 정치를 바라보는 시각을 근본적으로 바꾸어야 하며, 무엇보다 새로운 방법론이 필요하다. 새로운 방법론이 필요한 이유는 한국의 정치권력의 속성이 바뀌고 정치 영역이 확대되었기 때문이다. 대체로 필자는 1987년을 기준으로 이전과 이후의 한국 정치가 크게 달라졌다고 판단한다. 1987년 이전 체제는 국가권력의 정당성이 문제가 되었던 시기였고, 이때 중요한 과제는 정치권력의 법적 절차를 확보하는 것이었다. 따라서 정치학과 법학은 동전의 양면처럼 권력의 형식성을 강조했으며, 이러한 흐름은 자연스럽게 민주주의 모델을 연구하는 일에 집중되었다. 그러다가 1987년 이후를 지나면서 정치의 영역이 시민사회로 확장되기 시작한다. 적어도 1990년대의 10년간은 시민단체의 숫자가 폭발적으로 증가했으며, 이들이 한국 사회에서 주도적으로 중요한 쟁점과 해결책을 제시한 시기였다. 그리하여 과거에는 민주화 논리에 비추어 주변적인 것으로 간주되었던 쟁점들, 예컨대 환경, 여성, 지역성, 외국인 등이 한국 사회에서도 뜨거운 토론의 대상이 되었다. 정치학과 사회학의 동거 시대가 열린 것이다.

그런데 필자가 보기에 2000년대 이르러 다시 한 번 정치 영역이 팽창했다. 개인주의의 시대가 도래한 것이다. 특히 2002년 대선은 한국 사회에 새로운 정치의 모습이 등장한 결정적인 계기였다. '노사모(노무현을 사랑하는 사람들의 모임)'의 활동은 그동안 정치학에서 정치 주체로 간주했던 계급, 정당, 이익단체 들의 범주로는 설명되지 않는 특이한 형태였다. 노사모는 일정한 이념성을 갖고 있으면서도 매우 감성적이었고, 정치적 지향은 분명하지만 계급적 기반을 뛰어넘고 있어서, 전통 정치학의 관점에서는 쉽게 설명할 수 없었다. 특히 이 시기에 두드러지는 특징은 사적 영역에서 시작된 감성이 공적 무대의 정치에 큰 영향을 주기 시작했다는 것이다. 네티즌의 활동은 사적 영역과 공적 영역을 자유분방하게 넘나들면서 여론을 만들었고, 사회운동의 중추 역할을 해왔다. 이러한 현상은 2007년 대선에서 뚜렷하게 드러났으며, 2010년 지방선거에서도 다시 한 번 위력을 발휘했다. 2007년 대선은 진보노선에 절망한 민심이 보수세력에게 표를 준 것이라고 해석할 수도 있다. 그러나 이명박 정권의 도덕적 결점을 꼬집어보면 도대체 유권자들의 표심을 결정하는 것이 이성적인 정책인지, 발전을 기대하는 감성적 폭발인지 구분하기 어렵다.

바로 여기에서 한국 정치의 특성을 설명할 수 있는 단초를 찾을 수 있다. 다시 말해 보통 사람들의 마음이 어떻게 흘러가는지 알아야 새로운 정치의 방향성을 설정할 수 있다고 판단한 것이다. 그런데 보통 사람들의 마음을 읽는 작업은 정치 언어의 흐름을 추적하는 과정에서 밝혀질 수 있다. 언어야말로 권력을 실어 나르는 모세혈관이고, 사회적 표상을 만들어내는 기본 자료이며, 계급투쟁이 전개되는 핵심 단위이기 때문이다. 바야흐로 정치학은 기호학, 언어이론, 상징이론, 감성이론과 접목되어야 한다. 그런데 한국에서 정치적 진보는 이 문제에 매우 소홀했는바, 이것은 진보정치의 태생적 한계 탓이다.

정치적 모순을 내부적인 개혁이 아니라 외부적 힘에 의해 일시에 파괴하고 새로운 사회 질서를 추구하려는 것이 정치적 진보의 속성이다. 진보정치는 이러한 모순을 타파할 수 있는 힘을 결집하기 위해 주로 계급을 기반으로 연대한다. 근대 정치사상사에서 마르크시즘의 사고틀이 전형적인 예가 된다. 마르크스는 헤겔의 국가 형태를 계급적 기반에서 인식했으며, 시민사회에서 실현되는 질서와 자유가 모두 부르주아의 계급적 이해관계를 관철시키는 도구에 불과하다고 비판한 바 있다. 즉 현대 사회의 작동 방식은 계급 이익을 떠나서는 이해될 수 없기 때문에, 정치적 진보의 방향성은 계급 이해를 혁신하는 방식에 따라 달라질 수밖에 없다. 이러한 맥락에서 보면 정치적 진보는 계급정치에 바탕을 두고 있다.

그런데 계급의 성격과 규모가 문제이다. 마르크스는 부르주아 사회를 지배하는 지배계급의 특성을 소유권의 관점에서 해석했고, 여기서 자본주의의 근본모순이 발생한다고 보았다. 따라서 이러한 모순을 해결할 수 있는 혁명의 주도 계급은 자연스럽게 소유권의 혜택으로부터 배제된 프롤레타리아로 규정된다. 그렇지만 이것은 형식상 자기모순이다. 부르주아의 범주에서 제외된 부분이 프롤레타리아로 구분됨으로써, 부르주아의 성격과 규모가 정확히 설명되지 않을 뿐만 아니라, 프롤레타리아의 특성도 애매해지기 때문이다. 이것이 근대 정치사상사에서 계급 개념이 갖는 태생적 한계이다. 즉 (생산수단의) 소유 여부가 사회 집단을 규정하는 기준이 됨에 따라서 사회 집단의 내면적 속성과 편차를 설명할 수 있는 가능성을 스스로 배제하고 만 것이다. 현대 정치에서, 특히 한국 진보정치의 주체를 새롭게 탐색하는 과정에서, 계급정치의 발상이 논의의 시작이자 곧바로 한계가 되는 이유가 바로 여기에 있다. 따라서 계급 개념 (진보의 주체)을 근대적 사고라는 보다 넓은 범위에서 비교 분석해,

한계를 발견하고 그 해결책을 찾아야 한다. "주도계층", "역사적 주체", "계급" 따위들은 근대적 발상에서 특별한 사회적 배경을 갖고 태어난 개념이기 때문이다.

고전적인 의미에서 정치란 공적 영역에서 전개되는 권력에 대한 정당화 과정이었다. 근세에 들어와 공적 영역에 경제가 중첩되었지만, 일상생활이나 미학적 취향 따위들은 여전히 공적 영역에 해당하지 않았다. 왜냐하면 공적인 영역이란 기본적으로 이성적인 인간의 행동을 전제하는 영역이기 때문이다. 그런데 공적 영역에 등장하는 개인의 행동에는 감성적인 요인이 많이 개입되어 있다. 더 이상 고전적인 분류를 고집할 수 없는 상황이 된 것이다. 서구 사회는 1960년대 이후, 한국 사회는 1990년대 이후, 이른바 '소비사회'로 진입하면서 개인들의 행동양식이 노동의 범주를 넘어서 사적 영역으로 확대되고, 이것이 공적 영역의 정치적 가치관에 영향을 주기에 이르렀다. 현대 정치에서, 특히 한국 정치에서, 공적 영역과 사적 영역의 구분이 점차 모호해지고 있고 언어적 표상과 이미지가 큰 역할을 하고 있다.

더구나 진보적 주체를 확인하기 위해 계량화 작업을 시도하는 것 또한 인간의 행위를 일정한 조건으로 환원하려는 태도이기에 한계가 있다. 계량화될 수 없는 변수가 있다는 사실을 인정하고, 이것을 사상적 직관으로 인지하는 작업이 병행되어야 한다. 예를 들어 과거에 대한 기억, 전통적인 인맥 관계, 사회적 공간에서의 자아의식, 미래에 대한 예측 등이 계급 정체성을 구성하는 매우 중요한 요인이다. 이것을 수량화하는 것은 사실상 불가능하다. 정지된 시점에서 사회 집단의 이념과 성향을 읽어내는 차원을 뛰어넘어 시간의 계열 속에서 끊임없이 움직이고 있는 보통 사람들의 가치관과 정서를 읽어내는 것이 진보의 주체를 밝히는 작업에서 매우 시급하다.

따라서 진보의 주체를 계급적 수준에서 모색하는 것은 시대적 변화를 제대로 읽지 못하는 것일 수 있다. 진보세력의 대표가 어쩌면 육체노동자를 넘어섰다는 점을 인정해야 한다. 아파트의 아줌마, 전업주부, 대형 교회의 교인들, 취업준비생 등과 같이 학문적으로는 범주화되기 어려운 집단들이 현실 정치 투표에서는 매우 막강한 결집력을 나타낸다. 또 이들은 부동산 문제, 교육 문제, 북한 문제, 사회복지의 확충 등과 같은 제반 사회 문제들에서 시기적으로, 지역적으로, 각기 다른 반응을 보인다. 즉 이들은 맥락과 상황에 따라서 그 정체성이 달라지기 때문에 단일한 사회 세력으로 파악되기 어렵다. 그럼에도 불구하고 이들을 새로운 사회운동의 세력으로 포용해야 한다. 이러한 맥락에서 진보의 주체는 주어진 실체가 아니라, 늘 변화하는 구성의 과정일 뿐이다.

이렇게 보면 학문적인 수준에서 해결해야 할 과제가 분명해진다. 즉 그들의 정체성이 어떤 과정을 거쳐서 형성되며, 어떤 과정을 거쳐서 그들의 정치적 가치관이 표현되는지 알아야 한다. 이러한 맥락에서 생활세계의 문화 취향과 정치적 의식의 상관관계를 파악하는 작업이 중요하다.

한편, 텔레비전은 문화 시설이 충분치 못한 사회적 여건이나 각 개인의 제한된 시간 여유, 문화 비용과 관련하여 경제적 부담이 적다는 점에서 접근이 가장 용이한 문화적 수단이다. 따라서 텔레비전은 포괄적인 의미에서 사회적 문화 취향을 반영하는 거울과도 같다. 왜냐하면 대다수 국민들이 텔레비전을 통해 일정한 문화적 기호와 취향을 표현하고 있기 때문이다. 따라서 텔레비전 프로그램을 선택하는 계급적 차이를 조사하면서 사적 영역과 공적 영역의 상호관계를 추적해볼 수 있을 것이다. 다시 말해 1차적으로 사람들이 텔레비전 프로그램을 어떤 기준으로 선호하는지 등에 대한 조사를 통해서 개인의 문화적 취향의 형성과 표현 방식을 추적할 수 있으며, 2차적으로 뉴스 소비의 패턴을 조사하게 되면 사적 영역의 문화 취향과 공적 영역의 정보 취향의 상관관계를 유추하게 되는 것이다.

 문화 취향과 텔레비전 시청의 상관관계를 연구한 논문에 따르면[12] 다음과 같은 결과를 얻을 수 있다. 첫째, 삼십대, 사십대에서 교육 수준과 가구 소득이 높을수록 교양/보도 프로그램을 선호하며, 나이가 많고 학력이 낮을수록 드라마를 즐겨보는 성향이 있다. 또 남성보다는 여성이 드라마를 더 자주 본다. 특히 십대 후반이 오락 프로그램을 상당히 선호하는 것으로 나타났다. 둘째, 상징적 문화 취향(외형적·심미적·개방적 속성을 포괄하는 취향을 의미한다)은 나이가 적을수록, 교육 수준과 가구 소득 수준이 높을수록 커진다. 특히 외향적 취향의 경우 십대 후반에서 가장 높은데, 이것은 청소년 문화의 모방적이고도 외형 중시적인 특성을 잘 설명해준다. 반면 전통적 문화 취향은 남성

[12] 홍기선 외, 「문화취향과 텔레비전 시청에 관한 연구」, 《신문학보》, 25호, 1990.

에게서 나이가 많을수록, 교육 수준이 낮을수록 두드러진다.

아래의 그림처럼 문화 취향을 문화 행위에 관한 축과 문화 가치에 관한 축으로 양분하고, 전자는 상징 지향성(생활의 멋과 격식을 중시하며 질적인 면을 추구하는 성향)과 실질 지향성(생활의 현실성과 경제성을 중시하며 생활의 질적인 면보다는 단순한 양적인 측면을 중시하는 성향)으로, 후자는 전통 지향성(시대적 변화에 소극적·부정적이며 유교적인 보수 사고를 중시하는 성향)과 현대 지향성(시대 변화에 적극적이며 서구적 사고방식을 추구하는 성향)으로 구분해보자. 그리고 한국 사회의 인구학적 속성을 다음과 같이 분류해보자.

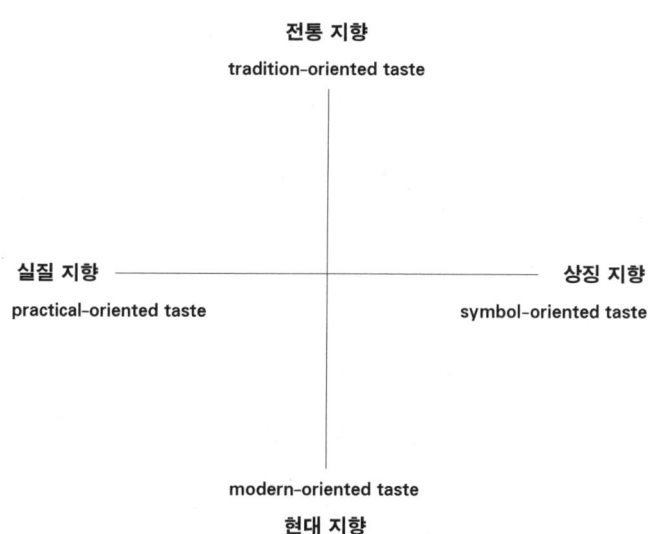

집단 1: 저연령층, 특히 이십대 초반의 미혼 남녀. 고졸 학력의 중하 또는 낮은 생활수준층, 사무직, 상업노무직 종사자

집단 2: 삼사십대의 기혼남, 여성(특히 삼십대), 주부, 중졸이나 고졸 학력 수준의 중류 생활층, 대도시 거주자

집단 3: 십대 후반, 이십대, 삼십대 등 전반적인 젊은 층의 미혼 남녀, 고졸, 대학 이상의 고학력층, 생활수준이 가장 높은 상류층, 관리전문직 종사자나 중고등학생 집단, 도시 거주자이며 상류계층 귀속의식을 갖고 있음

집단 4: 이십대 후반, 삼십대에 속하는 기혼 남성, 대학 이상의 학력층, 생활수준은 골고루 분포, 사무직, 기술직 종사자, 대도시 거주자(특히 직할시)

집단 5: 사십대, 오십대 기혼 남성, 초졸 이하의 낮은 학력 수준층, 중하 이하의 생활수준, 상업/노무직, 농/어/축산업 종사자, 읍면 지역의 거주자, 하층계층 귀족의식 보유, 단독주택 거주율이 가장 높음. 학력과 생활수준이 가장 낮으며 고연령층, 문화 취향 유형 가운데 가장 큰 집단

집단 6: 사십대, 오십대의 기혼 남성과 여성, 중졸 학력 이하의 중하 생활수준, 상공서비스업, 농/어/임/축산업 종사자, 읍면, 중소도시 거주자, 하층계층 귀속의식 보유

집단 7: 십대 후반 이십대 초반의 미혼 여성, 고졸 이상의 고학력층, 중상 이상의 중류 생활층, 중고등학생이 주류, 공동주택 거주율이 가장 높음. 대도시 거주자, 상층계층 의

식 보유, 가장 저연령층이며 여성이 지배적

이러한 분류집단을 앞의 그림에 위치를 잡아 그려 넣으면 아래와 같은 그림을 얻을 수 있다.

이제 앞의 분류를 토대로 텔레비전 프로그램 선호도를 알아보자. 비교적 젊고 생활수준이 높으며, 고학력층이 주류를 이루는 집단 3은 '연속 외화', '영화', '쇼', '코미디' 등 오락 프로그램을 선호하며, 집단 3과 비슷한 인구학적 속성을 갖지만 좀 더 저연령층이며, 여성, 중고등학생으로 구성된 집단 7은 오락 프로그램뿐만 아니라 애정 드라마도 좋아한다. 그런데 집단 3과 집단 7은 '사극' 선호

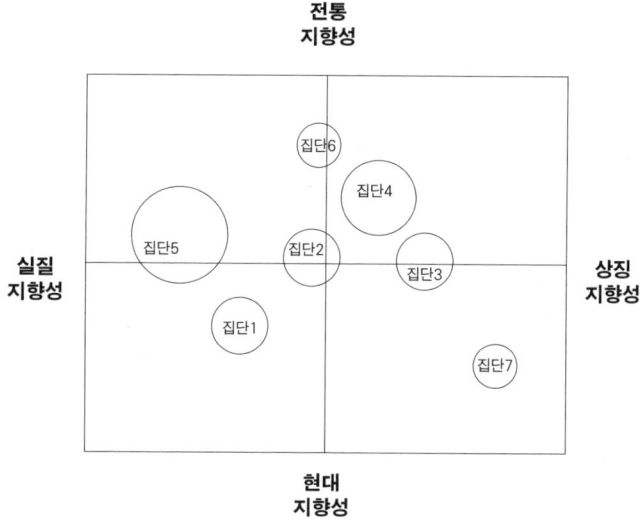

도가 낮다. 집단 6은 교양/보도 프로그램을 선호하고, 오락 프로그램의 선호도가 낮다. 집단 5는 교양/보도 프로그램뿐만 아니라 오락 프로그램의 선호도가 모두 낮다. 정보 선호도에 대한 분류는 다음과 같다. 집단 3과 집단 7은 '문화 정보'에 관심이 높으며, 집단 6은 '문화 정보'를 제외하고 '환경 정보', '전문 정보', '생활 정보'에 관심이 높았다. 집단 5는 전체적으로 관심 정보 분야가 낮게 나타나며, 특히 '문화 정보'에 관심이 매우 낮았다.

이상의 조사 결과를 근거로 하면, 수용자들의 문화 취향에 따라 좋아하는 텔레비전 프로그램과 정보의 관심이 어느 정도 일치된다고 할 수 있다. 온라인 뉴스 소비 유형과 문화적 구별 짓기 효과의 상

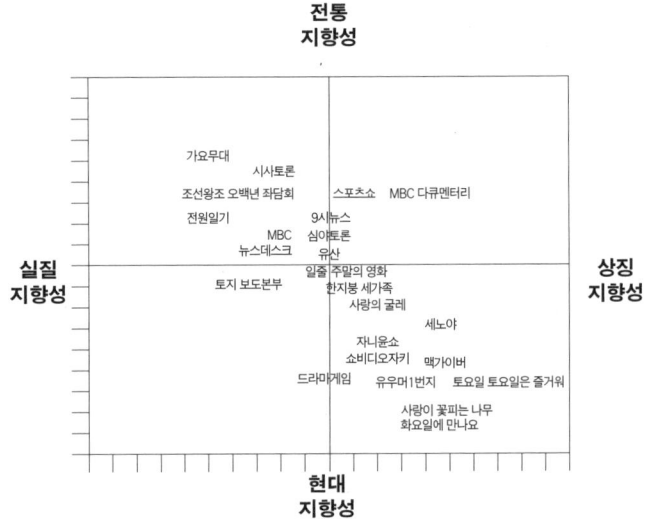

관관계를 연구한 결과에 따르면**13** 뉴스 소비의 구별 질서에서 고소득 범주, 고비용 취향의 범주, 고급문화 취향의 범주와의 상호작용 효과가 여타 범주(저소득, 저비용 취향, 대중문화 취향 범주)에 비해 더욱 세분화되고 복잡한 것으로 나타났다. 또 경제적/문화적인 영역의 상층부에서는 훨씬 복잡하고 유별난 뉴스 이용의 차이들이 나타는데 비해 중하층부에서는 유의미한 다양화 현상이 관찰되지 않았다. 이것은 다양한 문화가 반드시 사회적 위치와 무관하게 개인의 선택에 따라 자유롭게 소비되는 것은 아니라는 점을 시사한다. 대신 문화자본이 풍부할수록 타 집단에 비해 배타적이고 차별적인 문화 소비 패턴을 더욱 정교하게 구성하는 경향이 보이며, 이는 뉴스 소비에서도 예외가 아닌 것으로 해석될 수 있다. 다시 말해 지적/경제적 문화자본이 풍부할수록, 자신의 문화 취향과 생활양식에 따라 타 집단과 차별적인 뉴스 소비문화를 계발하는 것으로 보인다. 이러한 흐름은 고학력의 고급문화 취향의 지적인 뉴스 소비 양상과, 고학력의 고비용 취향의 물질주의적 뉴스 소비 양상으로 요약할 수 있다.

지금까지 사적 영역의 문화 취향과 공적 영역의 문화 취향의 상관관계를 추적하는 연구들은 대부분 텔레비전 프로그램의 선택과 뉴스 선택의 상관성을 중심으로 진행되어왔다. 그런데 공적/사적 영역의 상호관계를 본격적으로 파악하기 위해서는 정치적 선택에 대한 질문이 반드시 추가되어야 한다. 이것이 앞으로 문화정치학이 해결해야 할 과제이다. 이를 위해서 송호근이 자신의 책**14**에서

13 김예란 외, 「온라인 뉴스 이용자의 문화취향과 뉴스 소비유형의 관계」, 《한국언론학보》, 52권 4호, 2008.
14 송호근, 『한국, 무슨 일이 일어나고 있나?』, 삼성경제연구소, 2003.

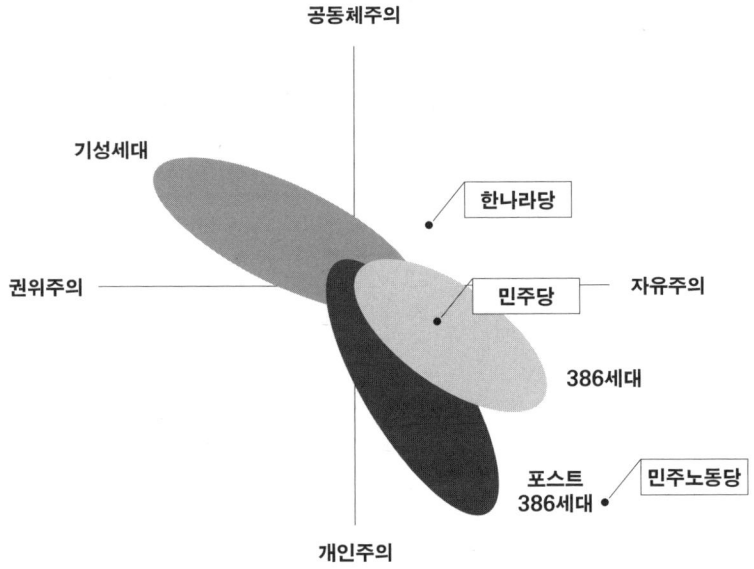

시도했던 정치적 성향 분석을 응용하여, 앞에서 진행했던 사적인 문화 취향-공적인 뉴스 소비-정치적 가치관의 표현의 3각구도를 완성해보도록 하자.

위의 그림은 송호근이 기성세대, 386세대, 포스트 386세대의 가치관의 차이를 설명하기 위해 작성한 것을 일부 수정한 것이다. 즉 송호근이 사용한 권위주의-자유주의와 개인주의-공동체주의의 축을 거꾸로 그린 것이다. 이렇게 하여 앞에서 설정한 전통 지향-현대 지향, 실질 지향-상징 지향의 축과 어느 정도 일치시켜 현대 한국 사회의 정치성향과 문화 취향의 상관관계를 유추해보려고 했다. 기성세대로 표현한 집단이 문화 취향의 수준에서는 집단 2와 집단 5, 집단 6에 해당한다고 볼 수 있다. 이들의 특징은 극단적인 재래방식의 생활습관을 고수하고, 보수적인 사고를 가지며, 문화생활에서는 실질적인 측면이 강조된다. 이들이 즐겨보는 텔레비전 프로그램은 〈가요무대〉, 〈조선왕조 오백년〉, 〈9시뉴스〉, 〈전원일기〉 등으로 나타난다. 이렇게 보면 생활문화적 취향과 뉴스의 질적 성향 그리고 정치적 성향이 매우 일치하는 것을 볼 수 있다. 기성세대가 한나라당에 가장 가까운 정치적 성향을 갖는 것이 우연이 아니라는 것이다.

한편 386세대와 포스트 386세대의 차이점은 흥미롭다. 386세대는 2005년을 기준으로 36~45세 정도의 연령 집단으로 구성된 반면, 포스트 386세대는 2005년을 기준으로 20~35세 정도이다. 이들은 애초에 이른바 개혁세력으로 분류되었지만, 가치관과 의식성향에서 갑자기 뚜렷한 차이를 보이기 시작한다. 386세대는 공동체주의 적응 세대라면, 포스트 386세대는 개인주의적 개방 세대이다. 이들은 정치적 진보, 개혁 공감도, 시장개방 반대, 성장 중시, 사회공익 중시, 주부 취업, 문화 관심, 반미 감정 같은 8개의 지표에서 뚜렷한 차이를 보인다. 포스트 386세대는 훨씬 진보적이며, 2005년을 기준으로 정권에 대한 지지가 강했다. 또 이들은 반미와 친북성향에 있어서 386보다 더 강했으며 문화, 소비, 인권, 성평등, 분배에 대해서 더 민감했다. 시장개방과 외국문물에 대해서도 매우 수용적인 자세를 보인다. 그러나 이들은 공익보다는 사익을, 논리보다는 감성을, 공동체보다는 나를 중요시한다. 그렇다면 이러한 차이는 어디에서 비롯된 것인가? 이것이 어쩌면 문화적 취향의 세계를 통해서 설명될 수 있는 것은 아닌가? 지금까지 세대별 집단의 정치적 성향에 대해서 많은 논의가 있었지만, 그 원인을 설명하는 연구는 없었던 것으로 보인다.

우리는 여기서 문화적 취향의 선호도와 정치적 가치관의 상관관계를 유추해볼 수 있다. 386과 포스트 386은 집단 3과 집단 7에 대응하는 것으로 볼 수 있다. 집단 3의 특징은 시대 변화에 다소 관심을 가지고 문화생활의 격식과 품격을 중시하는 질적인 생활을 선호하는 반면, 집단 7은 시대적 감각에 민감하며 변화를 적극 수용하는 자세를 보인다. 서구식을 선호하고 외형중시적인 문화생활을 지향하며 양과 질을 모두 중요시하는 삶을 추구한다. 이러한 문화적 차이가 텔레비전 프로그램 선호도에서는 〈주말의 명화〉, 〈한지붕 세 가족〉(386세대)과 〈토요일 토요일은 즐거워〉, 〈화요일에 만나요〉(포스트 386세대)로 표현된다(이는 물론 1990년에 이루어진 홍기선의 연구 결과를 도입한 것이므로 시차가 있을 수밖에 없다). 결국 일상생활에서 즐겨보는 텔레비전 프로그램과 정치적 가치관의 표현 방식에 일정한 상관관계가 있다는 것을 어느 정도 유추해볼 수 있다.

한편 2007년 대통령 선거와 관련된 유권자 의식 조사를 보면 연령별로 대통령을 선택하는 기준에 일정한 흐름이 발견된다. 모든 연령대에서 고르게 대통령의 공약과 후보의 능력이 중요하다고 대답한 반면, 이십대에서는 도덕성과 주변의 평가가 높고, 삼십대에서는 공약과 후보의 능력, 오십대는 출신 지역, 육십대는 소속 정당과 이

연령별	N	정책·공약	소속정당	후보능력	이념	도덕성	출신지역	주변의평가
20대	인원	56.0	13.0	42.0	10.0	34.0	0.0	10.0
	연령별%	33.5	7.8	25.1	6.0	20.4	0.0	6.0
	고려사항%	18.9	12.7	13.5	24.4	27.4	0.0	27.8
30대	인원	74.0	18.0	79.0	8.0	31.0	2.0	5.0
	연령별%	33.6	8.2	35.9	3.6	14.1	0.9	2.3
	고려사항%	24.9	17.6	25.5	19.5	25.0	13.3	13.9
40대	인원	62.0	22.0	74.0	8.0	28.0	3.0	8.0
	연령별%	29.7	10.5	35.4	3.8	13.4	1.4	3.8
	고려사항%	20.9	21.6	23.9	19.5	22.6	20.0	22.2
50대	인원	51.0	16.0	59.0	4.0	12.0	6.0	5.0
	연령별%	31.9	10.0	36.9	2.5	7.5	3.8	3.1
	고려사항%	17.2	15.7	19.0	9.8	9.7	40.0	13.9
60세 이상	인원	54.0	33.0	56.0	11.0	19.0	4.0	8.0
	연령별%	29.0	17.7	30.1	5.9	10.2	2.2	4.3
	고려사항%	18.2	32.4	18.1	26.8	15.3	26.7	22.2
전체	인원	297.0	102.0	310.0	41.0	124.0	15.0	36.0
	연령별%	31.5	10.8	32.9	4.4	13.2	1.6	3.8
	고려사항%	100.0	100.0	100.0	100.0	100.0	100.0	100.0

제17대 대통령 선거 관련 유권자 의식조사 http://www.ksdc.re.kr/databank/
출처: 한국사회과학데이터센터, 17대 대통령 선거 유권자 의식조사-일반국민(2007. 12. 17)

념이 중요한 것으로 나타났다. 오십대와 육십대가 출신 지역, 소속 정당, 이념 들을 대통령 선거의 중요한 기준으로 선택한 것은 이들이 보수적인 성향을 가지며, 이념적으로 반공적인 태도를 보이는 것으로 유추할 수 있다. 삼십대와 사십대는 큰 차이가 없음에도 불구하고 공약과 후보 능력을 우선시하는 점에서 삼십대가 보다 적극적으로 나타나는데, 이것은 당시 삼십대가 포스트 386세대로서 현실에 대한 평가에서 보다 합리적이고 절차적인 실용성을 중요시했다고 평가할 수 있다. 이것은 앞에서 문화적 취향과 정보 소비의 경향, 정당정책의 지지도 성향에서 보여준 결과와 흡사한 결론이다.

그런데 이십대에게서 주변의 평가와 도덕성이 대통령 선택에 중요한 기준으로 작용한다는 결과가 나온 것은 매우 흥미롭다. 이것은 한국의 젊은 세대가 정치적으로 분명한 기준이 없으며, 정치적 판단을 요구하는 선거에서 이성적이기보다는 감성적인 기준으로 투표를 한다고 유추할 수 있다. 아마도 이러한 성향이 한국 정치를 예측하기 어렵게 만드는 요인일 것이다. 즉 주변의 평가나 도덕성이라는 것은 매우 주관적이며, 여기에는 언론의 흑색선전이나 선거판의 분위기 등이 크게 작용한다. 이렇게 놓고 본다면 한국 정치의 미래가 매우 감성적인 분위기에 의해 결정될 수 있으며, 이러한 맥락에서 문화적 취향을 조정하는 생활세계의 오락물이나 언어적 유통(신문, 방송, 웹사이트, 트위터 등)이 매우 큰 역할을 하게 될 것이다.

앞에서 인용한 텔레비전 프로그램과 정치적 가치관에 대한 연구는 별개로 진행된 것이었는데, 필자가 의도적으로 연결 지은 것이어서 엄밀성이 많이 떨어진다. 그러나 이러한 유추를 통해서 우리는 문화(사적 영역)와 정치(공적 영역)의 상호관계를 보다 정교하게 이해할 수 있다. 따라서 향후 연구 과제는 보다 정교하게 문화 취향/정보 취향/정치적 가치관을 연결 지어 실증 조사를 실시하는 것이다. 특히 정치 언어가 어떻게 생산되고, 유통되며, 개인들의 정치적 의사결정에 영향을 주는지를 면밀하게 밝혀야만 한다. 왜냐하면 언어란 단순히 의사소통의 도구가 아니라 우리의 삶을 규정하는 본질적인 요소로서 언어의 진술체인 담론은 경험을 형성하는 역할을 하기 때문이다. 계급 구성원들은 언어를 통해 계급 이해에 대한 인식과 내용을 얻기 때문에 담론적 행위가 없다면 계급 경험은 존재하지 않는다.

5장   결론 혹은
      평가

이 장에서는 『구별짓기』의 4장과 결론 부분을 전체적으로 요약하고, 그에 대한 비판적 평가를 정리하고자 한다.

문화의 상동성

『구별짓기』 4장에서 부르디외는 문화재의 공급과 수요가 균형을 이루는 과정을 설명한다. 이러한 균형을 상동성의 원리라고 부른다.

우선 소비자들의 특성(수요의 차원)을 이해할 필요가 있다. 예술작품을 소유하는 이유는 일정한 이윤을 얻을 수 있기 때문이다. 이윤에는 구별이윤과 정통이윤 두 가지가 있다. 정통이윤이란 자신의 현존재가 정당하다는 느낌을 주는 정당화 이익과 관련된다. 계급사회는 문화를 소유하거나 표현하는 데 있어서 정통문화/저속한 문화의 구분이 강하게 나타나는 사회라고 할 수 있다. 적어도 부르디외는 계급의 차별을 문화적 관점에서 재정의하고 있다. 한편, 구별이윤은 해당 작품이 요구하는 성향과 능력의 희소성이 가져다주는 변별적 가치에 의해서 측정되는데, 이것을 상징적 이윤이라고 할 수 있다. 문화자본은 문화 생산의 장들과 사회 계급에서 진행되는 투쟁 속에서만 효력을 유지할 수 있다. 각 행위자들은 객관화된 자본의 장악 정도에 비례해서(육화된 자본에 비례해서) 이윤을 획득한다.

한편, 생산자들의 특성(공급의 차원)은 다음과 같다. 첫째, 특정 양식을 공급하는 가능성의 체계이다. 즉 소비성향(미적·윤리적·정치적)의 한계를 결정하는 경향이 있다. 둘째, 상징 부과의 효과가 있다. 아방가르드 회화, 정치 선언문, 신문과 같은 문화적 생산물들은 구성된 취향이다. 셋째, 전문가들이 인정한 형태만을 소비라고 인식하고 경험할 수 있다. 따라서 예술작품에 대한 취향은 사회 공간에서 부여된 계급적 상태를 전제로 하는 분류 체계이다. 넷째, 생산자들은 다른 생산자들과의 경쟁논리에 의해서 소비자들이 계급적 조건과 위치에 따라 갖게 되는 특수한 이해관심을 충족시키려고 한다.

상동성의 효과(수요와 공급의 균형원리)는 다음과 같이 정리될 수 있다. 첫째, 문화시장에서의 생산의 장과 소비의 장이 조화하여 수요와 공급의 일치를 만들어낸다. 둘째, 제품의 특성과 소비자의 계급적 특성이 객관적으로 상응하는 것이 상동성의 효과이다. 각자의 취향에 따른 선택은 객관적으로 자신의 위치에 알맞은 상품을 구별하는 것이다. 이러한 논리에 따라서 선택된 대상들은 영화, 연극, 소설, 의복, 가구 등에서 대략 비슷한 특징을 나타낸다. 셋째, 상동성의 효과는 생산의 장/소비의 장에 각기 내재한 투쟁의 논리가 객관적으로 조화하여 대립적인 효과를 만들어낸다. 이것이 계급투쟁의 기본 논리이다. 구식/신식, 값비싼/헐한, 고전적인/실용적인 등과 같은 이항대립은 지배 분파/피지배 분파의 대립 구도로 나타나는데, 이것은 상동성으로 전이된 결과이다. 예를 들면 장년기의 원숙함/청년기의 미숙함, 신중한 양재사/대담무쌍한 양재사의 대립 구도가 바로 이것이다. 이러한 대립 구도는 다른 문화 영역에서도 동일하게 나타난다. 연극에서 〈대머리 여가수〉, 〈자크/대전환Le tournant〉, 불바르 연극(고급 연극)/실험연극(지적인 연극), 비평가 부분에서 고전적인 극작가(비평가)/새로운 스타일의 극작가(비평가), 잡지 선정에서 정통적인 비평 잡지와 신문의 예가 그것이다. 넷째, 생산의 장에서는 작가나 예술가, 철학자 들이 차지하는 특정한 위치/계급 분파들의 장에서는 관객이 차지하는 위치 간의 구조적 기능들이 작동하는 것이 상동성의 원리이다. 그러므로 생산자와 관객 사이에는 과잉결정surdetermination의 관계가 설정된다.

수요와 공급을 통해서 결정된 문화적 취향은 사람들을 짝지어 준다. 사회적 감각은 서로 복잡하게 연결되어 있다. 또 이것은 기호들의 체계에 의해서 인도된다. 신체, 복장, 억양, 자세, 태도, 매너 들이 이러한 기호의 담지자들이다. 무의식적으로 기록된 기호들이 상대편에 대한 반감/호감을 만들어낸다. 이러한 맥락에서 취향은 사람들을 매개하는 중매자라고 말할 수 있다. 기호를 해독하는 작업을 통해서 하나의 아비투스는 다른 아비투스와의 친화성을 발견하게 된다. 이것이 두 사람이 친화성을 느끼게 되는 중요한 계기이다. 이것을 기반으로 계급들은 서로 잘 어울리는 사람과 유대감을 느끼게 된다. 대표적인 예가 바로 결혼 상대자의 선택이다.

현대 사회에서는 객관적 관계들의 구조, 상호작용하는 사람들의 표상의 관계가 중요하다. 이러한 객관적 구조와 표상적 질서 위에서 행위 주체들이 전략적 위치를 점유하고 있으며, 여기서 계급 분파들의 투쟁이 전개된다. 사회 공간을 위치 상황으로 설명하는 상징적 상호론자들은 계급투쟁을 사회심리적 실험으로 파악하는데, 이것은 객관적이고 지속적인 구조를 도외시하는 오류를 범하는 것이다. 계층화 이론과 계급투쟁 이론은 상호보완적이다. 그러나 경험적 자료에 의존하는 경우 계층화 이론에 매몰된다. 계층화 이론에 따르면 분배된 속성들을 한 시점으로 고정하여 전체적으로 나타나는 형태만을 기술할 뿐인데, 이럴 경우 분배의 양을 결정하는 배후에 언제나 투쟁이 있다는 사실을 망각하기 쉽다.

따라서 계급 구조는 계급투쟁이 일어나는 역사적-공시적 상태를 동시에 고려해야만 알 수 있다. 왜냐하면 계급투쟁은 투쟁의 대상을 규정하는 자체를 두고 벌어지기 때문이다. 여기에는 자본의 총량뿐만 아니라 자본의 구성비율과 여러 자본들 간의 전화비율taux de conversion에 따라서 투쟁의 양상이 달라진다. 이때 성향은 계급의 조건, 위치, 계급 구조 안의 서열에 따라서 순응되어 나타난다. 즉 생활 조건에 순응함으로써 계급의 도덕과 미학이 자동적으로 결정되어 자신의 위치를 부여받는다. 현대 사회에서 계급투쟁은 상징투쟁이다. 문화적 수요/공급의 균형에는 계급투쟁의 논리가 작동하는데, 이것은 언제나 상징적 형태를 띠고 나타나기 때문에 투쟁의 형태가 은폐된다. 다시 말해 지금까지 앞에서 살펴보았던 다양한 문화적 실천(음악, 미술, 영화, 의복, 음식, 가구 인테리어 등을 선호하고, 구입하고 즐기는 행위)들은 매우 자연스럽게 개인적 취향의 행동으로 보이지만, 여기에는 사회적 구별 짓기 효과가 내재되어 있다. 문화적 실천에는 자신의 계급적 위상을 보존하거나, 상승시키기 위한 전략들이 존재하는데 이를 두고 구별 짓기 전략이라고 부르는 것이다.

또, 상징투쟁은 구별기호를 통해서 전개된다. 경제적·문화적 상품을 획득하기 위한 투쟁은 구별기호를 획득하는 전략과 밀접하게 연결된다. 생활양식의 공간을 점유하는 소비자들이 스스로를 다른 계급들과 차별하기 위해 정통적인 상품을 소유하려고 하는데 이것은 '상층계급'의 표장을 독점하려는 시도이다. 이러한 과정을 통해서 구별이윤을 획득하게 되며, 이것이 자연적인 구별 효과를 창출하고 사회 계급의 특징을 만들어낸다. 이러한 현상은 집단의 인테리어 조사 결과에서 확인될 수 있다. 상층부-미학적 속성을 강조, 중간층-'아늑하다', '편안하다', 민중계급-'깨끗하다', '실용적이다', '보관이 편리하다'에서 보는 것처럼 계급 간의 뚜렷한 구별 효과가 존재한다.

더구나 문화상품에 투자한다는 것은 그로 인해 내깃돈을 챙기는 게임과 같다. 문화는 진짜/모조, 진정한 문화/통속문화의 대립으로 진행된다. 즉 서로간의 대립 구도가 성립되어야 문화 게임이 존재할 수 있다. 대표적인 예가 고급 미용실/보통 미용실의 대립이다.

그런데 문화투쟁은 투쟁의 존재 자체를 은폐한다. 피지배계급은 변별적 생활양식을 획득하기 위한 투쟁에서 들러리 역할밖에 못한다. 신분 상승을 하려는 피지배계급은 언제나 자신의 본성(자신에게 자연스러운 속성)을 변화시켜야만 하기 때문에, 언제나 지배계급의 문화논리에 포섭될 수밖에 없다. 따라서 지배문화/대항문화의 대립 논리는 전형적인 문화 게임을 재생산하는 단순한 이분법이다. 상징 투쟁은 항상 현재의 탁월한 소유자/상승 지향적인 도전자의 이분법적 구도로 나타난다. 이때 피지배자들의 욕구는 지배자들을 중심으로 하여 규정되고, 피지배자의 욕구 자체는 스스로 창조될 수 없다.

분류투쟁

취향, 즉 아비투스는 차별화하고 평가하는 획득된 성향이다. 이것은 신체 기법, 사회 세계의 가장 기본적인 구성 원리 및 평가 원리로 작동하며, 계급, 연령, 성별 간의 분업이나 지배의 분업을 가장 직접적으로 표현하는 원리이다. 이것은 신체를 관리하는 원칙이기도 하다.

아비투스에 대해서 말하는 것은 대상의 일부분인 행위자들이 대상에 대해 가지고 있는 지식과 현실에 대한 분류에 대해서 말하는 것이다. 왜냐하면 취향은 사회 공간을 차지하고 있는 개인에게 어울리는 것이 무언인지를 직관적으로 알 수 있게 해주는 분포 구조를 실천적으로 통제하는 능력이며, 따라서 사회적 방향감각이기 때문이다. 이것은 사회적 가치에 대한 자신의 감각을 경험하고 표현하는 실천 방식인데, 신체를 사회 세계의 여러 분할에 맞추어, 여러 의미에 부합하도록 가치들을 분배하는 사회화 과정이라고 볼 수 있다. 예의범절이 그 대표적인 예이다.

분류 행위는 사회 세계에 대한 지식을 전제하는데, 이것은 이미 획득된 실천적 지식과 관련되어 있다. 실제로 행위자들은 기계적인 자극에 기계적으로 반응하는 것이 아니라, 행위자 자신이 그 의미를 생산하는 데 일조했던 세계에 대해 반응하는 것이다. 사회 세계를 분류하는 원리는 보편적인 형태나 범주의 체계가 아니며, 내면화되고 육화된 도식들의 체계이다. 의식과 담론의 층위 아래서 작동하는 역사적인 지각, 평가도식이라고도 할 수 있다. 이것은 사회과학 방법론의 수준에서 큰 함의를 갖는다.

그동안 인간의 행위를 연구했던 학문의 흐름은 주로 인지적 접근 방법을 사용했다. 민족과학, 구조인류학, 민족의미론, 상호작용론, 민속방법론 등이 대표적이다. 필자는 이러한 방법론의 한계를 극복하기 위해서 발생론적 구성주의를 제안하고자 한다. 이것은 사회물리학(사회 현상을 객관적인 형태로 간주하고 통계수치를 통해 일정한 흐름을 파악하려는 경향)과 사회기호학(사회 현상을 행위자의 수준에서 해석하려는 경향, 즉 개인의 의도와 전략적 행동이 사회 현상의 기초가 된다고 파악하는 경향) 양자를 모두 넘어서려는 시도이다. 발생론적 구성주의에서 계급이란 존재 양태(사회 공간)+지각 상태(개인의 해석 체계), 생산관계의 위치(객관적 위치)+소비 행동(주관적 전략)을 동시에 고려할 때 비로소 파악될 수 있다.

개인이나 집단은 공통의 분류 체계를 이용함으로써 그것에 특정한 의미를 부여하게 된다. 이것은 이해관계intérêt가 상식적인 수준을 넘어서 새로운 함의를 갖는다는 점을 의미한다. 현대 자본주의 사회에서 우리가 타인과 연대하는 이유는 자신의 이해관계를 유지하거나 증대하기 위한 것이지만, 그 철학적 근거가 이성적인 수준에서 이루어지는 사회계약이라고 보기 어렵다. 이러한 점에서 보면 고전적인 정치사상(홉스와 로크를 생각해보자)이 제시한 합리성의 모델, 계약론의 모델은 현대 사회에서 제대로 적용되지 않는다. 오늘날 현대 사회가 해체되지 않고 존재할 수 있는 근거는 도구적 합리성을 넘어서는 이른바 "감성의 합리성" 혹은 "습관의 합리성"이라고 불리는 것이다. 이것이 바로 현대 자본주의 사회의 아비투스이다. 이러한 계약은 공통의 배제("그것은 우리 취향이 아니야")에 근거하고 있다. 따라서 사회적 취향은 언제나 지배자와 대중 사이의 대립 구도를 형성하는데, 이것이 표현되는 방식은 취향을 설명하기 위해 동원되는 형용사들의 대립이다. 다시 말해 객관적인 사회의 대립 구도가 개인들의 취향 대립으로 전환되는 것이다. 이를 두고 '사회변증론sociodicée'이라고 부를 수 있다. 이러한 대립은 분업에 각인된 지배자와 피지배자 간의 대립뿐만 아니라(이것이 전통적으로 마르크시즘에서 거론했던 계급 구도이다), 지배계급 내부에서 지배적인 것과 피지배적인 것, 세속적인 것과 비세속적인 것, 물리적인 것과 지적인 것 간의 두 개의 지배 원리의 대립 등으로 분화되고 다양화된다. 따라서 취향을 표현하는 형용사들의 대립은 전체 담론과의 관계 속에서만 완전한 의미를 갖는다. 물론 이러한 대립 구도는 시간이 변화함에 따라서 달라진다.

이러한 맥락에서 오늘날 문화 취향의 대립은 분류투쟁이라고 결론 내릴 수 있다. 분류 체계는 분류에 적합하게 구조화된 표상을 강화하여 계급의 특권적 지위를 유지시킬 수 있을 때 기능의 존재 가치가 있는 것이다. 결국 현대 자본주의 사회에서 문화는 계급 지배를 유지시키고, 상층계급의 지배를 강화시키는 보이지 않는 기제이다. 이렇게 보면 한 사회에서 상식적인 것으로 인정된 평가의 범주를 바꾸고 이를 통해서 사회 세계 자체를 바꾸는 것이 계급투쟁의 중요한 목표가 된다.

평가 및 비판

부르디외의 사회학에 대한 비판은 크게 보아 이론 틀이나 개념적 혼란에 대한 것, 실증 조사의 한국 적용 가능성에 대한 것으로 분류될 수 있다.

우선 부르디외의 이론 틀이나 개념에 대한 비판으로는 소비사회의 '구별 짓기' 이론을 두고 부르디외를 비판한 질 리포베츠키

Gilles Lipovetsky를 들 수 있다. 리포베츠키는 자신의 책(『행복의 역설』, 정미애 옮김, 알마, 2009)을 통해 소비사회를 3단계로 구분한 뒤, 구별짓기 효과는 2단계에서 국지적으로 유효한 개념이라고 비판한다. 즉 그는 대중시장사회, 대중소비사회, 과소비사회의 3단계로 현대사회의 변화를 구분한다.

첫 번째 단계는 1880년대 시작되어 제2차 세계대전과 함께 막을 내렸는데, 이 시기의 특징은 전국적인 대형 시장이 탄생했고 대규모 상업이 발달했다는 점이다. 생산 속도와 생산량이 대폭 증가하면서 낮은 가격으로 높은 생산성을 올린 시기이다. 이 시기 마케팅 전략은 박리다매였고, 이것이 상품 구매를 대중화하는 전략이었으며, 여기에 힘입어 현대적인 의미에서 소비자가 탄생했다.

두 번째 단계는 1950년대 시작되어 30년에 걸쳐 자리를 잡았다. 이 시기의 특징은 테일러-포드주의 생산방식에 힘입어 풍요로운 사회를 만든 것이다. 양적인 경제 성장은 대중소비사회의 평균 소비 수준을 올려놓았고, 욕구를 자극하는 사회적 분위기를 만들었다. 여기서부터 소비 주체는 구매를 통해서 물품의 효율성을 즐기기보다는 사회적 지위를 드러내고 계급적 소속감을 느끼며 사회적 피라미드에서 상위를 차지하려는 노력을 하기 시작한다. 그러기에 이 시기의 소비는 바로 구별 짓기의 상징이 된다. 그러나 이 시기의 소비가 모두 사회적 지위를 추구하기 위한 것은 아니었다. 과시를 위한 소비와 동시에 쾌락주의라는 새로운 소비 풍조가 나타나기 시작한 것이다. 즉 소비 양식이 가벼운 성적 쾌락 중심으로 바뀐 것이다. 대표적인 사례가 주크박스, 핀볼게임, 핀업, 스쿠터, 로큰롤, 음반, 트랜지스터라디오, 텔레비전, 클럽메드(다양한 레포츠를 즐길 수 있는 종합 휴양지), 팝 디자인, 청바지와 미니스커트 같은 젊음, 에로스, 이동성, 자유, 유혹, 오락과 관계있는 매우 다양한 상품들인데, 이것이 모두 소비의 이미지를 가볍게 만들었다. 이렇게 보면 2단계 대중소비사회는 사회적 과시와 개인적 쾌락 소비가 서로 공모하던 시기이다.

3단계는 개인의 취향이 다양하게 변화하면서 등장하기 시작한다. 소비의 패턴이 주관적이고 감정적으로 바뀐 것이다. 이제 소비는 사회적 지위를 과시하기 위한 것이 아니라 개인의 경험을 풍부하게 하고 삶의 질을 향상시키기 위한 것이다. 이것이 과소비사회hyper consumer society의 특징이다. 이 시기에는 과거의 상징적 투쟁의식이 부차적인 것이 되고, 극도의 개인주의가 판을 치게 된다. 그래서 오락적인 가치가 명예보다 중요해지고, 자아의 행복감이 계급적 '구별짓기'보다 우월하게 여겨지며, 감각적인 안락함이 과시적인 기호의 효과를 누르게 된다. 이 시기에도 여전히 상품의 브랜드 가치가 중요하지만, 이것은 계급적 구분을 위한 기능보다는 각자가 원하는 욕구에 걸맞은 정체성을 찾아주는 역할을 한다. 그렇게 함으로써 과소비사회에 팽배한 불안감을 극복하고 동족의식을 느끼게 된다. 특히 젊은 층이 브랜드를 선택할 때는 자신의 정체성을 정의하는 기호와 취향을 확인하며, 이를 근거로 사회적 코드를 향유하는 것이다. 그래서 운명처럼 물려받은 소속감이 아니라, 젊은이들이 스스로 자신이 원하는 소속감을 느끼게 해주는 것이다. 즉 타인으로부터 소외당

할지 모른다는 두려움이 바로 브랜드에 대한 강박증을 강화시키는 것이다. 그러나 이러한 현상은 평등한 개인주의적 표현이라고 볼 수 있다. 따라서 이 시기의 소비는 새롭게 정체성이 무엇이며, 소비 인간은 과연 누구인가라는 근본적인 질문을 던지게 만든다. 현대 사회는 이제 과소비사회의 전반부에 이르렀을 뿐이고, 앞으로 과소비사회가 어떻게 진전될지는 그 추이를 더 살펴보아야 한다.

이러한 분석을 진행한 뒤 리포베츠키는 현대 사회의 정체성을 5가지 유형으로 구분하여 설명한다. 즉 페니아, 디오니소스, 슈퍼맨, 네메시스, 호모 펠릭스가 그것이다. 여기에 등장하는 소비 주체는 적어도 상류-중류-하류층이라는 계급적 범주를 넘어서고 있다. 다시 말해 오늘날 '구별 짓기'의 의미가 사라져가고 있다는 것이다. 결국 전통적인 의미에서 정치, 경제, 종교, 가족이 개인의 삶을 규정하던 시대가 지나고 소비가 생활세계를 지배하는 시기가 도래했다. 그런데 이 시기에 진정한 개인의 행복과 사회적 복지가 무엇인지를 묻는 것이 현대 사회의 중요한 화두라고 강조한다.

한편 이론의 적용 가능성을 두고 『구별짓기』에서 제기된 여러 가지 문제의식을 반박하는 내용의 연구가 있다. 양종회[15]는 다음 세 가지 질문을 던지고 이를 확인하기 위해 실증 조사를 한 바 있다. 첫째, 우리나라에서 문화적 취향이 과연 사회 계급에 상응해서 분화되는가? 둘째, 만약 문화적 취향이 사회 계급에 따라 분화되지 않는다면, 어떤 요인이 취향의 분화에 영향을 주는가? 셋째, 문화적 취향이 사회 계

[15] 양종회, 「문화적 취향의 분화: TV프로그램과 음악장르를 중심으로」, 《문화, 여가 그리고 삶의 질》, 제5차 한국종합사회조사 심포지엄, 2008.

급에 상응하지 않는다면, 즉 고급, 중급, 하급으로 분화되지 않는다면 어떻게 분화될 것인가? 분석의 결과는 다음과 같다.

우선 문화적 취향은 계급과는 관계없이 분화되는 것으로 보인다. 계급에 따른 독특한 문화적 취향이 존재하지 않기 때문이다. 대신 연령, 성, 종교와 같은 배경 변인이 취향의 분화에 중요하게 작동하는 것으로 나타났다. 이러한 상황이 발생하는 이유를 양종회는 빈번한 사회 이동에서 찾는다. 사회 이동이 잦다는 것은 계급 문화가 지속되기 어렵다는 것을 뜻한다. 반면에 세대 간에는 극심한 격차가 발생하고, 이것은 문화적 취향의 차이에도 영향을 준다. 최근에는 여성의 역할이 바뀌어가면서 여성들이 남성들과는 다른 독자적인 정체를 주장하고 이것이 남녀 간의 문화적 차이를 만들어낸다.

둘째, 우리 사회에서는 종교가 문화적 취향에 큰 차이를 만들어내는 특징이 있다. 우리 사회에서는 기독교는 서구적인 것, 근대적인 것을 상징했으며, 현대 사회에서 정체와 유대를 제공하는 중요한 공동체로 기능하고 있다. 따라서 종교는 지금보다 더 중요하고 독특한 생활양식의 원천이 될 것이며 결과적으로 문화적 취향의 분화에 중요한 역할을 할 것이다.

셋째, 응답자의 학력, 아버지의 학력, 그리고 문화예술 교육으로 측정한 문화자본은 문화적 취향의 분화에 큰 영향을 주지 못하는 것으로 보인다. 문화자본론은 문화자본의 측정의 문제와 더불어 그것이 어떻게 취향 혹은 실천에 영향을 줄 수 있는지가 논란의 여지로 남아 있다. 문화자본은 경제자본과 달리 상당히 장기간 축적되어야 한다는 조건은 우리나라처럼 빨리 변하는 사회에서는 항상 문제가 된다.

넷째, 고급문화는 상류계급이 배타적으로 향유함으로써 중간층이나 하층과의 경계를 유지하려 한다는 '구별 짓기' 이론은 문화를 전달하는 대량 매체가 발달되지 않고, 문화를 대량생산하는 산업이 발달하지 않았을 때 타당한 이론이다. 현대 사회는 대중매체가 이질적인 청중에게 대량으로 전달하는 문화와 독특한 취향을 가진 사람들을 위한 도시 문화 혹은 주변 문화가 동시에 존재한다는 다이애나 크레인Diana Crane의 주장은 우리나라에서도 그 타당성이 입증되었다. 텔레비전 프로그램으로 측정한 문화적 취향은 음악 장르로 측정한 문화적 취향에 비해 배경 요인에 의해 덜 분화되었을 뿐만 아니라, 텔레비전 프로그램은 음악 장르에 비해 덜 배타적이었다.

그리고 최샛별[16]에 따르면 부르디외의 문화자본 개념을 한국 사회에 적용할 때 다음과 같은 문제점이 있다.

첫째, 부르디외의 이론과 모델은 3백여 년이 넘는 계급구조화의 역사를 갖는 프랑스 사회를 대상으로 만들어졌다. 서구 사회에는 특정 집단이 영위하는 예술, 생활양식 등과 같이 이른바 고급으로 분류되는 문화가 존재해왔다. 그러나 한국은 역사적 경험이 다르다. 한국 사회에서 자신들이 향유하던 계급 문화가 고급문화로 인정받았던 양반과 지주계급은 일제 강점, 해방, 토지개혁, 전쟁 등 한국 근현대사를 거치면서 기득권을 완전히 상실했으며, 그 이후 급속한 산업화를

[16] 최샛별, 「한국의 문화자본 지형도 구성을 위한 척도 개발의 기초연구」, 한국문화사회학회, 2010 봄 학술대회 발표문.

거치면서 이들은 자신들의 입지를 재형성하는 데 실패했다. 반면 하층계급은 풍부한 상승 이동의 기회를 제공받았다. 1950년대 23대 대기업주 중 18명이 전 시대 신분 구조에서 하층계급에 속했으며, 이 같은 사회 이동은 1980년대까지 지속되었다. 짧은 기간을 통해서 급격한 이동을 경험한 한국의 계층과 계급의 역사에서 미국의 영향력은 매우 지대했다. 한국의 대자본들은 미군정에 의한 일제 식민자산 불하와 원조 등에 힘입어 성장한 것이다. 서구의 영향력이 문화 분야에도 예외는 아니어서 일상생활이 서구화되었으며, 고급문화 역시 서구의 것으로 새롭게 규정되었다.

따라서 한국 사회에서는 부르디외가 상정했던 것과 유사한 고급문화, 귀족문화가 존재하지 않는다. 현세대에서 고급문화가 존재한다고 하더라도 그것은 대부분 서구에서 유입된 것으로 한국에 들어온 지 1백 년 남짓 되었을 뿐이다. 더구나 그러한 문화가 특정 집단에 체화되거나, 그 사회에서 당연한 것으로 인정받아 상식적으로 고급문화로 분류되는 예술, 생활양식의 형태로 존재한다고 볼 수는 없다. 또 한국의 현대사는 끝없는 변동과 저항의 역사였다. 부르디외의 이론 틀이 한국의 이러한 역동성을 반영하기에는 적절하지 않다.

둘째, 부르디외의 『구별짓기』는 1979년에 프랑스에서 출판되었고, 기초 자료는 1963년에 조사된 내용들이다. 한국에서는 1996년에 『구별짓기』의 번역본이 출판되었다. 따라서 내용의 적용 시점이 판이하게 다르다. 30년의 간극은 사회적 배경 못지않게 중요하다. 대표적인 예가 바로 생활수준의 상승이나 교육 기회의 확대에 따른 고급문화의 변화이다. 또 대중매체와 이를 통해 생산되는 대중문화 현상의 변화가 중요하다. 오늘날 한국은 대중문화의 영향력이 정점에 다다라 있다. 부르디외의 분석틀은 고급문화와 대중문화의 이분법을 전제하고 있으며, 문화자본을 근거로 고급문화가 사회적 헤게모니를 장악하고 있다는 결론을 내리고 있다. 그런데 한국 사회에서는 여전히 대중문화가 막강한 영향력을 행사하는 것으로 보인다. 부르디외의 조사 결론이 그대로 한국 사회에 적용되기에는 무리가 있다.

셋째, 부르디외가 사용하는 개념들이 부정확하다. 특히 문화자본에 대한 개념 사용이 일정하지 않다. 이로 인해서 계급 재생산에서의 문화자본의 역할을 두고 논쟁이 벌어지곤 한다. 또한 개념이 명확하지 않아 사회학의 양적 연구를 중심으로 한 논문들에서는 문화자본을 주요 변수로 다루기보다는 종속변수의 하나로 추가하여 구색을 맞추는 수준에 머물고 있다. 더구나 문화자본의 조작화 역시 각각의 연구 주제나 성격에 따라서 자의적인 경우가 많다. 이를 해결하기 위해 라몽과 라로는 "제도화되고 광범위하게 공유된 태도, 선호, 공적 지식, 행동, 상품, 그리고 자격증과 같이 사회적 그리고 문화적 배제에 사용되는 고급문화로 정해진 신호"라고 문화자본을 새롭게 규정하고 있다.[17]

이 문제를 두고 최샛별은 부르디외의 이론 틀에서 중요한 것은 사회화 맥락에서 재생산을 가능하게 하는 어떤 "숨겨진 경로"를 찾아내는 것이라고 제안한다.[18] 문화자본이라는 개념은 이러한 경로를 보여

[17] Lamont M. and Lareau, A., "Cultural capital; Allusion, Gaps and Glissandos in Recent Theo-retical Developments," *Sociological Theory* 6, Fall, 1988.
[18] 최샛별, 「한국 사회에 문화자본은 존재하는가?」, 《한국사회학회보》, 2008.

주기 위해 사용된 개념이라고 진단한다. 최샛별에 따르면 '재생산'에 이르는 경로가 교육 제도였고, 『구별짓기』에서는 사회적으로 인정된 고급문화였다. 따라서 우리가 당연하다고 여기는 것들 그리고 공정하다고 믿는 많은 제도들이 사회 재생산의 숨겨진 경로일 가능성이 있으며, 이것을 찾아내는 데 문화자본의 개념을 활용할 수 있어야 한다. 구체적으로는 문화자본이 다음과 같은 조건을 갖는 것으로 확대해석할 수 있다. 첫째, 어느 정도는 경제자본의 축적을 전제로 하며 특정 상황에서는 경제자본으로 전환될 수 있고, 둘째, 전반적인 사회 구성원들에 의해 매우 가치가 있다고 정당성을 인정받으며, 셋째, 궁극적인 재생산에서 더 낮은 층의 구성원들이 상류계층으로 들어가는 것을 차단하는 숨겨진 전략의 역할을 수행한다.

한편, 이동연은 문화자본의 개념을 기존의 사회학의 흐름과는 다른 차원에서 해석하고 있다.[19] 그는 한국 사회에서 제도화된 문화자본이 공식화된 제도적 틀을 벗어나 변종적인 성격을 갖는다는 사실에 주목한다. 한국에서 제도화된 문화자본은 정치적·경제적 인맥으로 연계되는 문화예술과 엔터테인먼트계의 학력자본으로 정의할 수 있다. 그러나 2차적으로는 제도권 안에서 결속된 배타적인 인맥 관계와 봉건적으로 맺어진 부적절한 공생관계를 말한다. 문화예술계에 나타나는 자본과 인력의 배타적 집중은 지역과 학력으로 대변되는 인맥, 돈 그리고 정치권력의 힘에 의해 형성된다. 이러한 문화자본의 변종적 성격은 한국 사회에서 정권을 장악한 특정 집단들의 기득권으로 인해 정치

19 이동연, 「한국의 문화자본은 어떻게 형성되는가?」, 《문화과학》, 2010.

적으로 결박당하는 한계를 노골적으로 드러내기도 한다.

공익을 위한 제도적 가이드라인을 해체하려는 문화산업의 자유로운 확장, 독점화, 배타적이고 부적절한 문화사교계의 인맥과 정치적으로 봉합된 배후의 커넥션, 그리고 문화의 장을 이념의 틀로 재단하려는 새로운 문화권력의 부상으로 한국의 문화자본은 신자유주의 시대에 유례없는 국지적 특이성을 나타내고 있다. 공정거래위원회가 권고했던 '연예인 표준계약제', 소속사와 연예인들 사이의 노예계약서 등이 오늘날 한국 사회에서 나타나는 문화자본의 봉건성을 보여주는 사례이다. 결국 이동연에 따르면 한국에서의 문화자본이란 문화 생산과 유통을 독점하고 있는 거대자본들을 가리킨다.

2007년에는 오리온 그룹이 메가박스를 매각하고 '온미디어'마저 매각 절차를 밟으면서 엔터테인먼트 산업은 CJ 독점 체제로 형성될 조짐이었는데, 이것은 미디어 융합에 따른 차세대 방송시장의 지각변동을 유도하는 것이었다. 이러한 현상은 문화자본의 형성과 축적, 문화 콘텐츠가 유통되는 미디어 플랫폼, 대중이 문화 콘텐츠를 소비하는 라이프스타일을 모두 획일화시킬 우려가 있는 것이다. 예를 들어 미국 영화 〈트랜스포머〉가 전국 2천1백여 개의 스크린 중 무려 1천2백 개를 독식하거나, 〈무한도전〉, 〈1박2일〉과 같은 인기 연예오락 프로그램이 케이블 방송을 통해서 주당 평균 20여 차례나 재방송되거나, 소녀시대, 원더걸스, 2PM과 같은 아이돌 팝이 가요 차트를 장기 독점하는 경우들이 "연예자본-방송유통-소비 라이프스타일"을 수직계열화하는 대표적인 예이다

또 독점적인 연예제작사의 등장도 큰 문제이다. 이들은 방송 콘텐츠 제공과 예능 프로그램의 출연진 수급에서 우월적인 지위를 가질 수밖에 없고 그만큼 방송사 예능국과 일정한 공생관계를 유지할 수밖에 없다. 지상파 방송 예능 프로그램의 주요 진행자들이 기업형 엔터테인먼트 회사를 세워 방송 프로그램을 장악하고, 코스닥 상장을 위해 제조업 중소기업체와 전략적 합병을 한 뒤 자본력과 섭외력을 내세워 예능 프로그램을 외주제작해 그 프로그램에 소속 연예인을 출연시키는 제작-배급-출연의 배타적 독점관계가 2000년대에 들어 새로운 형태의 매니지먼트 방식으로 일반화되었다. 이것은 일본의 '수직 계열적' 매니지먼트 시스템을 추종하는 것이다. 방송의 민영화가 방송 제작과 배급에 있어서 특정 자본의 독점을 허락하는 결과를 초래할 수 있다.

맺는 글 남한 사회에 스며 있는
　　　　 '식민성의 감성효과'

『구별짓기』에 대한 해설서를 준비하면서 외국과 한국의 자료를 찾아 비교해보았다. 그리고 필자는 한국의 연구 논문들이 외국에서 발행된 수준과 너무도 흡사하다는 사실에 놀라지 않을 수 없었다. 특히 미국의 영향력이 지나치게 크다. 미국의 소비사회학에서 시작된 부르디외 연구는 한국 사회에 그대로 수입되어 논의가 천편일률적이다. 그러다 보니 한국적 특수성이 제대로 반영되지 않고 있다. 또 지식사회학에서는 부르디외에 대한 논의가 너무 추상적이어서 경험적인 연구가 부족해 보였는데, 한국에서 지식을 다루는 방식도 여전히 그 수준을 넘어서지 못하고 있다.

　이렇게 된 이유는 학문의 자생력 부족 탓이라고 말하지 않을 수 없다. 한국에서 부르디외에 대한 연구가 프랑스 원전을 직접 독해하여 문제의식을 찾아내는 방식으로 이루어지기보다는 늘 미국을 통해 간접적으로 수입되고, 그래서 한국의 현실에 맞는 적용력을 찾아보기 어렵다는 것이다. 또 부르디외가 사용하는 개념을 이론적인 수준에서 점검하는 철학적 훈련은 경시되는 반면, 분석틀을 그대로 모방해서 현실을 설명하는 것이 학문적으로 높이 평가받는 학계의 풍토도 문제이다. 개념에 대한 깊이 있는 성찰이 없다 보니 새로운 문제의식이 발전되지 못하고 늘 '남의 얘기'만 뒤쫓는 꼴이 되고 만다.

이처럼 오늘날 한국 학계에는 몇 가지 고질적인 병폐가 있는데, 이것이 고쳐지지 않는다면, 아무리 좋은 고전이 번역되고 그에 대한 해설서가 나오더라도 학문 발전에 큰 기여를 할 수 없을 것이다. 따라서 이 자리를 빌려 필자는 한국의 지식 사회가 맞이한 위험스러운 상황을 몇 가지 지적하고자 한다. 이러한 비판은 부르디외를 수입하는 한국 지식 사회를 위해서 필요할 뿐만 아니라, 한국의 정치적 상황을 타개해가는 데도 절실하다. 왜냐하면 한국 사회의 정치적 위기가 어느 정도는 지식의 위기와 관련되어 있다고 판단하기 때문이다. 다른 분과학문의 내부 사정을 정확히 모르는 상태에서 쓴소리를 하는 것이 매우 조심스럽지만, 오늘날 한국 학계의 위기상황이 심각하기에, 감히 용기를 내어 문제점을 제기하고 그에 대한 해결책을 함께 고민하는 기회로 삼고자 한다.

우리 학계에는 크게 보아 3가지 병폐가 있는데, 첫째는, 기능주의, 둘째는, 교조주의, 셋째는, 식민성이다.

첫째로, 기능주의에 대해 고민해보자. 기능주의는 지식의 예측 능력과 사회 조정 능력에 집중하면서 객관성을 강조하는 풍조를 가리킨다. 학계에서 기능주의 경향이 득세하면서 학문에서 역사성과 상상력은 점차 사라져 간다. 이러한 경향으로 인해 기술description과 분석analysis의 차이를 제대로 인식하지 못하고, 개념concept과 조작적 용어operational term의 차이를 구분하지 못하는 학자가 많아지면서 학문의 의미가 실추되어간다. 이러한 문제가 발생하는 가장 큰 이유는 고전을 읽는 데 시간을 투자하지 않기 때문이다.

예컨대 부르디외 학문에서 문화(상징)자본이라는 단어는 개념이라기보다는 조작적 용어에 가깝다. 이러한 단어를 분석틀에서 사용하기 위해서는 베버나 뒤르켐의 종교사회학을 먼저 공부하는 것이 필요하다. 부르디외가 사용하는 문화(상징)자본은 전통적인 마르크시즘을 비판하기 위해서 동원했던 조작적 용어인데, 그 사상적 기원은 베버나 뒤르켐에서 유래한다. 그런데 한국에서 발표된 논문에서는 이러한 개념의 흔적을 추적하기보다는 조작적 용어의 대상을 찾는 데 더 골몰한다. 그러다 보니 여러 논문에서 문화자본이라는 용어가 후렴구처럼 반복되고 있지만, 별다른 문제의식은 찾아보기 어렵다.

정치학에서는 이러한 현상이 매우 심각한 수준에 이르렀다. 오늘날 한국 정치학자 중에는 학문과 저널리즘을 구분하지 못하는 사람들이 수두룩하다. 촌부의 정치 논평이나 학자의 정치 분석이 별반 다르지 않다. 그저 현실을 묘사description하고 정책을 제안하는 것이 학문의 임무라고 생각하는 풍조가 만연하다 보니, 깊이 있는 연구 논문이 나올 겨를이 없다. 상황이 이렇게 악화된 배경에는 신자유주의가 몰고 온 지식의 상품화 경향도 한몫을 한다. 이제 지식도 경제와 권력에 쓸모가 있어야 한다는 풍조가 팽배해지고, 연구비를 얻어내는 것이 학문의 가치와 밀접한 관련을 맺게 되었다. 그리하여 급기야 오늘날 인문학과 사회과학의 지식도 공산품과 같이 투자를 하고 결과를 얻어내는 방식으로 다루어지기에 이르렀다. 따라서 지식의 품질 향상을 위해서 경영학의 기법이 도입되는 것이 하등 이상할 것이 없다.

교수들의 무한경쟁, 대학의 법인화와 서열, 미국식 세계화 등이 바로 지식을 기능주의적으로 바라볼 때 가능한 정책들이다. 여기에 자기 성찰적 지식, 옳음/그름을 가늠하는 지식, 역사적 안목을 배경으로 하는 지식은 설 자리가 없다. 미래 사회의 비전을 모색함에 있어서 후자의 지식이 절실히 필요한데, 기능적 지식이 판을 치면서 학문이 제 기능을 제대로 발휘하지 못하는 것이다. 이러한 분위기에서는 『구별짓기』와 같이 사상적 깊이와 실증적인 방법론을 동시에 요구하는 고전을 제대로 읽고 소화하기가 힘들다.

둘째는, 교조주의의 문제가 있다. 이러한 입장에 서 있는 학자들에게는 텍스트의 해석이 중요하며, 현실은 텍스트가 허용하는 범위에서만 부분적으로 거론될 수 있을 뿐이다. 이들은 학문의 엄밀성을 강조하지만 자신의 태도가 학문의 의미를 추상성에 가두어둔다는 사실을 깨닫지 못한다. 또 이들은 인접 학문과의 경계를 뚜렷이

하고 오로지 전공 학문에만 아성을 쌓으려 한다. 그러니 통합적으로 현실을 인식하는 데 전문성이 오히려 방해가 된다. 그래서 '지금 그리고 여기'의 문제를 해결하는 데 지식이 나름의 역할을 하리라고 기대하기 어렵고, 학문이 건전한 여론을 형성하는 데 제대로 된 역할을 하지 못한다.

한편 분과학문의 벽이 높아짐에 따라서, 학자들의 집단적 무의식이 교묘하게 인맥 집단으로 자리 잡아가고 있다. 그러다 보니 자신과 연구 방식이 비슷한 사람들이 모여 '패거리'를 이루게 되고, 그들이 교수 초빙이나 논문 심사 그리고 연구비를 따내는 일에 집단적 권력을 행사한다. 그런데 이 모든 것이 학문의 보편성으로 위장되어 있어 학계의 권력 집단은 언제나 당당하기만 하다.

이러한 맥락에서 불문학과의 나태함(?)을 지적하지 않을 수 없다. 1980년대 중반 미국에서는 인문학의 위기상황을 극복하기 위해서 문화학Cultural Studies이라는 이름으로, 텍스트 분석에 머물던 인문학의 범위를 확장시킨 바 있다. 테리 이글턴, 프레드릭 제임슨의 경우가 대표적인 이론가들인데, 이들이 인문학의 텍스트중심주의를 넘어설 때 동원했던 지적 자원이 바로 알튀세와 그람시였다. 1990년대에는 에드워드 사이드가 푸코를 이용했고, 2000년대에는 후기식민주의자들(가야트리 스피박, 호미 바바, 아파두리아 등등)이 라캉과 부르디외를 활용하고 있다. 이렇게 해서 오늘날 영문학을 필두로 하여 국문학, 심지어는 스페인어 학과에서조차 인문학과 사회과학의 통합을 모색하고 있는 실정이다. 그런데 정작 불문학과는 여전히 텍스트 위에서 잠자고 있는 것 같아 매우 안타깝다. 영문학과의 원로 교수가 방송대학에 나와 푸코 강의를 하고 있는데, 불문학과에서는 그것이 불문학의 대상이 아니라고 말할 수 있을까? 그러한 태도야말로 시대 흐름에 너무 무관심한 것은 아닐까!

얼핏 기능주의와 보편주의는 정반대의 입장 같아 보이지만, 지식이 권력과 경제 논리에 매몰되어 있다는 점에서는 이 두 가지 현상은 동전의 앞뒷면처럼 얽혀 있다. 필자로서는 이러한 상황이야말로 부르디외가 신랄하게 비판한 쟁점이라고 본다. 그런데 정작 부르디외를 연구하는 논문 중에서 이러한 한국 상황을 실증적으로 연구한 논문은 너무 부족하다. '담론을 위한 해방'이든, '담론을 통한 해방'이든, 한국 사회에서 지식의 불평등과 병폐를 고민하지 않는다면 그 해방이 누구를 위하고, 무엇을 위한 해방이란 말인가? 부르디외 사상을 이해한 후에는 반드시 텍스트의 범위를 넘어서 한국 실정에 맞는 연구 대상을 다시 설정해야 한다.

셋째는, 식민성이다. 이것은 제3세계의 특징인데, 한국 사회에서는 이 문제가 가장 심각하다. 사실 기능주의와 교조주의 모두가 중심국의 학문적 권위에 기반을 두고 있는 만큼 한국 학계의 근본문제는 바로 지식의 식민성에서 시작된다고 말할 수 있다. 근대 국가의 기본이 민족 교육의 완성에 있다고 할 때, 한국은 군사나 경제보다 지식의 수준에서 심각한 위기의식을 느껴야 한다. 그런데 세계화의 논리에 편승한 학자들 중 일부는 '민족 교육'이라는 개념조차 인정하지 않으려 한다. 또 반대로 한국학을 연구한다고 자처하는 사람들 중에는 '전도된 식민성'에서 벗어나지 못하는 경우도 있다. 실로 한국 학계의 위기상황을 처절하게 보여주는 셈이다. 이제 미국의 학위가 교수 사회나 연구 집단으로 진입하는 최고의 상징자본이 되기에 이르렀고, 상대적으로 다른 지역의 국가나 국내의 박사학위 가치가 폄하되고 있다. 그런데 정말 학문의 깊이와 무게를 미국의 학위가 보증할 수 있을까?

한국에서 문화론이 유효하다면 그 분야는 우선 국제정치적 요인에 초점을 맞추어야 할 것이다. 프랑스와는 달리 한국 사회에서 진행 중인 문화적 지배는 늘 국제정치적 모순에서 유래하기 때문이다. 근대성의 형성 자체가 외부에서 이식된 것이며, 자본주의의 모순도 세계체제에서 기원하고 있기 때문에 한국의 문화학은 언제나 국제정치 문화론으로부터 시작하는 것이 적절하다. 따라서 한국판 『구별 짓기』는 '구별 짓기' 효과에 주목하기보다는 '식민성'의 효과에 초점을 맞추어야 한다.

국제정치학의 한 예를 소개해보자. 1990년대 이후로 구성주의라는 방법론이 국제정치이론 분야에서 소개되기 시작했다. 웬트A. Wendt가 대표적인 학자이며, 그의 이론적 지주가 되는 사람이 바로 부르디외이다. 그런데 지난 20여 년간 구성주의와 관련된 수많은 국제정치 논문이 발표되었지만, 하나같이 웬트를 인용하는 수준에서 마무리되고 있을 뿐 부르디외까지 연구한 논문은 없다. 웬트는 국제정치학자이고, 부르디외는 사회학자이기 때문일까? 실정이 이렇다 보니 새로운 방법론이 등장해도 국제정치 현실을 논의하는 쟁점에는 변화가 없다. 대표적인 사례가 바로 안보 분야이다. 현실주의 국제정치이론에서도, 이상주의 국제정치이론에서도, 구성주의 국제정치이론에서도 늘 중요한 연구의 대상은 안보 문제이다. 그런데 필자가 보기에 이러한 현상은 지식의 보편성을 가장한 상징적 지배의 대표적인 사례이다. 자국의 학문이 자신에게 적합한 쟁점을 설정하지 못하고 늘 중심국이 던지는 논의에서 벗어나지 못하는 상황이 바로 지식의 식민적 상태가 아니겠는가!

사실 국제정치 무대에서 근대 국가의 단위로 인정받지 못하는 대한민국은 안보의 결정권을 행사한 일이 없다. 늘 강대국의 힘의 논리가 대한민국에게 안보 위협을 강요해왔고, 전쟁/평화의 이분법마저 미국식 패러다임에 의해서 정의되어왔다. 이렇게 보면 안보론이란 학문이라기보다는 미국이 만들어낸 일종의 냉전 이데올로기와 같은 것이다. 한편 구성주의 방법론의 본질은 이러한 학문의 이데올로기성을 파헤치는 데 있다. 따라서 진정한 구성주의 연구자들이라면 안보라는 언어적 표상에 주목하는 것이 마땅하다. 왜냐하면 당연하게 주어진 학문의 언어 안에 권력과 이해관계가 깊숙이 스며들어 있다는 사실을 파헤치는 것이 바로 부르디외가 주는 교훈이기 때문이다.

그런데 한국의 국제정치 논문 중에서 구성주의의 분석틀을 사용하면서 이러한 문제의식을 가지고 연구한 사례는 매우 드물다. 구성주의자들 또한 현실주의 이론가들이 주장하는 것과 똑같은 무게로 안보 문제를 다루고 있다. 왜 그럴까? 이유는 간단하다. 구성주의 방법론의 본질적인 문제의식을 제대로 이해하지 못하기 때문이다. 고전을 읽으며 사상의 본류를 탐색하기보다는 분과학문의 교조주의에 머물고 있는 탓이다. 이처럼 안이한 태도가 질타 받지 않는 이유는 궁극적으로 미국에서 그렇게 하지 않기 때문이다. 미국의 국제정치학자들이 구성주의 방법론으로 안보 문제를 연구하면 한국의 학자들도 그대로 따라 할 뿐이다. 또 미국에 유학하여 그렇게 공부한 학자들이 대한민국 학자의 대다수를 차지하며 그들이 한국 학계의 상징자본을 독점하고 있기 때문이다. 참으로 안타까운 현실이다. 미국이 판매한 공군 전투기는 일정 기한이 지나면 용도 폐기되지만, 미국이 팔아먹은 안보담론은 기약도 없이, 학문의 방법론과도 상관없이, 재생산되고 있다.

오늘날 국제정치의 변화가 심상치 않다. 50년을 지속해온 미국의 헤게모니가 쇠락하고 있음을 인정하지 않을 수 없다. 이러한 정세 아래에서 한국의 생존권을 모색하기 위해서는 진정 유연한 세계관이 필요할 터인데, 정작 지식인들의 학문적 태도는 현실을 따라가지 못하는 것 같아 매우 불안하다.

앞에서 지적한 세 가지 비판점은 반드시 부르디외에게만 국한된 얘기는 아닐 것이다. 그렇지만 현대 고전의 반열에 오른 『구별짓기』와 부르디외에 대한 해설서를 써달라고 부탁받은 기회에 필자는 평소에 느꼈던 우리 학계의 문제를 거론하는 것이 필요하다고 생각했다. 고전은 보편적으로 해석되는 것이 아니라, 언제나 '지금 그리고 여기'라는 상황과 맥락에 근거하여 새롭게 읽혀져야 한다는 것이 필자의 소신이다. 또 고전에 대한 독해는 학자 개인의 특성과 문제의식에 따라서 늘 달라져야 한다. 따라서 이 해설서는 궁극적으로 한국판 『구별짓기』를 출판하기 위한 초석으로 간주되기를 바란다.

필자는 부르디외 사상의 학문적 깊이를 놓치지 않으려 애썼지만 스스로가 '프랑스제 지식의 수입상'이 되지 않기를 간절히 바랐다. 또 『구별짓기』에 나타난 방법론으로 한국의 사회 문제를 분석하려고 시도했지만, 부르디외의 분석틀에 매몰되지 않고 우리 상황에 적절한 연구 대상과 방법론을 모색하려고 노력했다.

『구별짓기』는 자본주의 사회의 보이지 않는 지배관계를 분석하는 데 초점이 맞추어져 있지만, 우리 사회에 응용하기 위해서는 국제정치적 맥락이 반드시 첨가되어야 한다. 또 『구별짓기』에서는 계급에 대한 논의가 핵심이지만, 한국 상황에서는 계급을 정체성이라는 주제로 변환시키는 것이 바람직하다. 따라서 부르디외가 프랑스 사회의 차별을 '소비생활의 구별 짓기 효과'라고 이름 붙였다면, 필자는 남한 사회의 차별을 '식민성의 감성효과'라고 명명하고 싶다. 예컨대 현재 진행 중인 남남 갈등이나 남북한의 이념 대립에는 정치와 경제를 가로지르는 지배관계가 스며 있는데, 이것이 부르디외가 동원했던 구별 짓기 효과와 유사해 보인다. 그렇지만 이러한 차별은 소비생활에서 유래하기보다는 식민지적 특성과 더욱 밀접하게 접목되어 있으며, 그 밑바닥에는 계급적 대립보다는 감성이 자리 잡고 있다고 필자는 판단한다.

한편, 프랑스 학계에는 이러한 갈등을 분석하는 데 유용한 지적 자양분이 풍부하다. 부르디외뿐만 아니라 다른 프랑스의 사회과학자들(정치학, 인류학, 문화학 등)이 우리 사회에 더욱 적극적으로 수용되고 응용될 필요가 있다.

이제는 국가별로 교수 초빙의 기회를 할당해야 할지도 모르겠다. 지금과 같이 한국의 학계가 미국 중심의 기준으로만 돌아가게 되면, 신진 학자들이 프랑스를 비롯한 유럽의 국가나 남미의 여러 국가를 대상으로 연구하는 기회는 점차 줄어들 것이 뻔하다. 학계의 발전은 학문의 깊이와 다양성을 동시에 추구할 때 이루어지는 것일진대, 어찌하여 한국 학계는 이토록 미국에만 편중되어 있는지 참으로 걱정스럽다. 다른 나라의 고전을 원어로 볼 수 있는 학자들이 많아질 때 학문이 발전하는 것이다. 이번 기회를 통해서 한국 학계에서 부르디외에 대한 연구의 외연이 확대되고, 응용 범위가 풍부해지기를 기대한다.

지난 30여 년간 프랑스가 전 세계의 학계를 주도하는 패러다임을 만들어내고 있는데, 이에 대응하여 분과학문을 넘어서는 '프랑스학 연구회' 혹은 '부르디외 연구회'를 만들어보는 것도 좋은 방안이 될 수 있겠다. 철학, 사회학, (국제)정치학, 커뮤니케이션학, 역사학, 언어학, 문화이론 등등의 학자들이 모여 부르디외의 빈자리를 메우고, 우리 학계의 여백을 채우는 데 함께 동참하기를 바란다. 그런 것이 진정한 학문의 통섭이 아니겠는가!

열정과 노력에도 불구하고 탈고 후에는 원고에 대한 부끄러움으로 독자들을 마주하기가 늘 죄송스럽다. 부족한 학자의 여물지 않은 바람과 시도가 학계의 선후배에게 누를 끼치지 않을까 걱정스럽기만 하다. 혹시라도 이 책의 흠집을 메울 수 있는 후학이 나와 제2의 『구별짓기』 해설서를 써준다면 그 역시 기쁘지 않겠는가! 그렇게 미래를 낙관하며 부족한 이 책을 출판하기로 마음먹는다.

2012년 5월
홍성민

주요 용어 사전

분류하기classement:
부르디외는 현대 자본주의 사회의 투쟁은 이해관계를 둘러싼 분류하기 투쟁이 그 핵심이라고 지적한다. 전통적인 마르크시즘에서는 계급투쟁을 이념과 관련 지었고, 이를 바탕으로 프롤레타리아트가 혁명의 선봉장이 되어야 한다고 가르친 바 있다. 그런데 부르디외는 지배와 피지배의 관계가 자본가/노동자의 대립으로 한정되지 않으며, 계급투쟁은 협소한 이분법의 논리에 매몰된 것이라고 비판한다. 사회 안에는 다양한 종류의 계급투쟁이 존재하며 이때마다 적대관계가 다르게 형성된다고 본다. 또 지배와 피지배의 관계도 시간이 변화함에 따라 달라질 수 있다. 예를 들어 과거에 지배자의 위치에 있던 집단이 피지배자의 위치로 전락할 수도 있고, 반대로 피지배집단이 지배적 위치로 상승할 수도 있다. 따라서 계급classe은 고정불변한 것이 아니라, 상징투쟁의 결과에 따라 분류하기classement가 달라질 수도 있는 것이다. 이 때문에 부르디외는 계급투쟁보다는 분류하기 투쟁이라는 용어를 선호한다.

상징자본capital symbolique:
마르크스의 경제자본에 대항하여 문화적 요소를 강조하기 위해서 만들어낸 조작적 개념이다. 전통적인 마르크시즘의 흐름에서는 경제가 상부구조를 결정한다는 경제결정론이 대세를 이룬 바 있다. 그런데 1960년대 프랑스의 마르크스주의자들은 이러한 흐름을 비판하고 문화적 요인을 강조하기 시작한다. 알튀세가 대표적인 학자이며 그 후속 세대가 바로 푸코, 들뢰즈, 부르디외이다. 부르디외는 상징자본의 개념을 베버나 뒤르켐의 종교사회학에서 빌려왔지만, 그 상대는 바로 마르크스이다.

상징폭력violence symbolique:
현대 자본주의 사회에서 행사되는 권력이 물리적 폭력을 넘어서 문화적 수준에서 발휘되고 있다는 점을 보여주기 위한 용어이다. 그람시의 헤게모니나 스티븐 룩스의 3차원적 권력에 해당한다고 볼 수 있다. 이것을 통해서 부르디외는 부르주아의 문화적 우월성이 어떻게 피지배계급의 취향이나 무의식을 지배하는가를 보여준다.

아비투스Habitus:
부르디외가 인간의 행동양식을 설명하는 데 동원하는 개념이다. 이것은 주체중심주의적 접근법과 구조적 접근의 양자를 변증법적으로 종합했다는 의미를 갖는다. 즉 주체중심주의 접근법에서는 인간의 행동을 이성에서 유래하는 것으로 파악하는 반면, 구조주의 접근법에서는 인간의 행동이 사회 구조에서 강제된 결과물이라고 판단한다. 전자의 대표적인 인물은 사르트르이고, 후자의 대표적인 인물은 레비-스트로스이다. 그런데 주체중심주의나 구조주의 양자의 접근법이 갖는 공통적인 한계는 인간의 의식이나 사회적 구조가 상호 연결되어 있다는 점을 설명하지 못하는 것이다. 아비투스 개념은 바로 이러한 한계를 극복하기 위해서 고안된 개념이다. 부르디외에 따르면 인간의 행동은 과거로부터의 기억, 신체에 각인된 습관, 미래에 대한 기대 등에 의해서 결정된다고 본다.

언어시장marché linguistique:
마르크스의 이데올로기를 보다 정교한 언어 모델로 설명하기 위해서 동원된 조작적 용어이다. 기호학의 흐름에서 볼 때 롤랑 바르트의 언어적 내포connotation가 사회적 제도와 맺고 있는 관계를 설명하는 것이라고도 볼 수 있다. 부르디외에 따르면 한 사회에는 정당한 언어/정당하지 못한 언어가 있으며, 이것은 사회적 제도화에서 유래한다. 예를 들어 대학이나 고등교육의 제도화는 학계는 물론 정치나 언론에까지 영향을 주고, 이것이 보통 사람들의 언어의식을 관리하게 된다. 이 모든 과정을 언어시장이라는 개념으로 설명할 수 있다.

장champ:
인간 행동의 구체적인 장소를 가리키는 용어이다. 마르크스는 사회 현상을 하부구조/상부구조의 비유로 설명했지만, 알튀세는 도식적인 경제결정론에 반대하여 상부구조의 상대적 자율성을 제안한 바 있다. 그리고 이러한 알튀세의 문제의식은 프랑스 현대 사상에 면면히 이어진다. 예를 들어 푸코는 담론구성체라는 용어를 사용했고, 들뢰즈는 주름pli이라는 용어를 만들어낸 바 있다. 이것은 모두 사회 구조와 개인의 행위 양식의 상호관계를 파악하려는 이론적 노력이라고 할 수 있다. 부르디외의 장의 개념도 이러한 지적 흐름에서 이해하는 것이 적절하다. 장이란 개인의 행동을 규정하는 사회적 구조라고 할 수 있는데, 경제적 토대로 환원할 수 없는 다양한 사회적 그물망의 구체적인 장소를 가리킨다.

제국주의적 이성raison imperialiste:
부르디외에 따르면 신자유주의 시대의 제국주의는 문화적 형태를 띤다. 특히 지식의 형성과 전파가 가장 중요하다. 중심국에서 만들어진 국가 관리의 지식은 제3세계에 마치 보편적인 것처럼 전파되어 지배와 피지배의 관계를 지속시킨다. 부르디외의 저작들에서는 국제적인 문제에 대한 분석을 찾아보기가 어려운데, 사망하기 직전에 남긴 몇 편의 논문에서는 국제적인 수준에서 지식의 전파가 미국 중심의 신자유주의를 공공화한다고 비판한 바 있다. 이러한 문제의식을 발전시킨 사람이 바로 이브 드잘레이Yve Dezalay이며, 그의 책이 한국어로 번역되었다(이브 드잘레이·브라이언트 가스, 『궁정전투의 국제화』, 김성현 옮김, 그린비, 2007). 한국적 상황에서는 『구별짓기』에 등장하는 소비 취향의 계급적 차별을 국제적인 수준에서 응용하는 연구 작업이 필요하다. 그것이 바로 한국 사회에서 작동하는 제국주의적 이성을 파헤치는 관건이 될 것이다.

집단의식corps d'esprit:
부르디외는 젊은 시절 파노프스키Panofsky의 건축학 연구를 통해서 한 시대를 구획하는 미학적 기준이 존재한다는 사실을 배운 바 있다. 즉 서유럽 교회의 건축양식을 관찰해보면 서로 다른 공간에 존재하는 여러 국가들에서 공통적으로 발견할 수 있는 건축의 구조가 존재한다. 이러한 공통적 미학은 사실 교회 건축에 동원된 건축가들의 기술과 그들을 가르쳤던 교육체계에서 비롯되는 것이다. 이를 바탕으로 후기 부르디외는 프랑스 사회에서 발견되는 계급적 연대가 공통된 가치관 위에 자리 잡고 있다는 사실을 발견하고 이를 일컬어 집단의식이라고 명명한 바 있다. 이것은 주로 고등교육기관을 이수한 엘리트들의 집단감각을 지칭하는 데 사용된 용어로, 『귀족국가』에서 자주 등장한다.

취향goût:
칸트는 『판단력 비판』에서 모든 사람에게는 공통감각이 존재하며 이를 근거로 미학(혹은 취향)의 보편성을 찾을 수 있다고 주장한 바 있다. 이에 반해 부르디외는 보편적인 취향이란 허구이며, 그것은 오히려 사회적으로 결정된다고 반박한다. 다시 말해 사람들의 취향에는 계급적으로 차이가 존재하며, 이것이 물질적 수단과 더불어 계급을 결정하는 근거가 된다. 더 나아가 취향의 차이가 계급간의 차별distinction을 만들어낸다고 주장한다.

허위의 동일시identification fausse: 마르크스는 『독일 이데올로기』에서 노동자들이 직면하는 소외 현상을 분석한 바 있다. 이때 노동자들이 소외 현상을 직시하지 못하는 이유를 이데올로기가 작동하기 때문이라고 설명한 바 있다. 또 『자본론』에서 이것은 상품의 물신숭배라는 개념으로 발전된다. 그런데 이러한 현상은 모두 경제적 이유에서 비롯된다. 부르디외는 이러한 이데올로기적 왜곡과 상품의 물신숭배 현상을 정치적 장에까지 확대하여 적용하는데, 이때 동원되는 조작적 용어가 바로 허위의 동일시이다. 이것은 하위계층이 부르주아의 문화적 헤게모니에 포섭되어 자신의 계급적 실체를 망각하고 상위 계급의 행동양식을 모방하는 현실을 지적할 때 동원된 개념이다.

피에르 부르디외 서지 목록

저서

- *Sociologie de l'Algérie*(1958)
- *Les héritiers: les étudiants et la culture*(Jean-Claude Passeron 공저, 1964)
- *L'amour de l'art: Les musées et leur public*(Alain Dardel 공저, 1966)
- *Un art moyen: Essai sur les usages sociaux de la photographie*(Robert Castel, Luc Boltanski et Jean-Claude Chamboredon 공저, 1965)
  『중간 예술』, 주형일 옮김, 현실문화연구(2004)
- *Le métier de sociologue: Préalables épistémologiques*(Jean-Claude Chamboredon et Jean-Claude Passeron 공저, 1968)
- *La reproduction: Éléments d'une théorie du système d'enseignement*(Jean-Claude Passeron 공저, 1970)
  『재생산: 교육체계 이론을 위한 요소들』, 장 클로드 파세롱 공저, 이상호 옮김, 동문선(2000)
- *Esquisse d'une théorie de la pratique précédé de Trois études d'ethnologie kabyle*(1972)
- *Algérie 60*(1977)
  『자본주의의 아비투스』, 최종철 옮김, 동문선(2002)
- *La distinction: critique sociale du jugement*(1979)
  『구별짓기(상·하)』, 최종철 옮김, 새물결(2005)
- *Le Sens pratique*(1980)
- *Questions de sociologie*(1980)
  『사회학의 문제들』, 신미경 옮김, 동문선(2004)
- *Ce que parler veut dire : l'économie des échanges linguistiques*(1982)
- *Leçon sur la leçon*(1982)
  『강의에 대한 강의』, 현택수 옮김, 동문선(1999)
- *Homo academicus*(1984)
  『호모 아카데미쿠스』, 김정곤·임기대 옮김, 동문선(2005)

- *Choses dites*(1987)
- *La noblesse d'État: grandes écoles et esprit de corps*(1989)
- *Langage et pouvoir symbolique*(1991)
  『상징폭력과 문화재생산』, 장일준 옮김, 새물결(1997)
- *The Political Ontology of Martin Heidegger*(1991)
  『나는 철학자다: 부르디외의 하이데거론』, 김문수 옮김, 이매진(2005)
- *Les règles de l'art: genèse et structure du champ littéraire*(1992)
  『예술의 규칙: 문학 장의 기원과 구조』, 하태환 옮김, 동문선(1999)
- *Réponses: pour une anthropologie réflexive*(Loïc Wacquant, 1992)
- *La misère du monde*(1993)
  『세계의 비참(1·2·3)』, 김주경 옮김, 동문선(2000/2002/2002)
- *Raisons pratiques: sur la théorie de l'action*(1994)
  『실천이성: 행동의 이론에 대하여』, 김웅권 옮김, 동문선(2005)
- *Sur la télévision*(1996)
- *Méditations pascaliennes*(1997)
  『파스칼적 명상』, 김웅권 옮김, 동문선(2001)
- *Les usages sociaux de la science: Pour une sociologie clinique du champ*(1997)
  『과학의 사회적 사용: 과학장의 임상사회학을 위하여』, 조흥식 옮김, 창비(2002)
- *La domination masculine*(1998)
  『남성 지배』, 김용숙 옮김, 동문선(2000)
- *Contre-feux*(1998)
  『맞불』, 현택수 옮김, 동문선(2004) / 『맞불 2』, 김교신 옮김, 동문선(2003)
- *Les structures sociales de l'économie*(2000)
- *Science de la science et Réflexivité*(2001)
- *Le Bal des célibataires. Crise de la société paysanne en Béarn*(2002)
- *Esquisse pour une auto-analyse*(2004)

『자기 분석에 대한 초고』, 유민희 옮김, 동문선(2008)
- *Sur l'État: Cours au Collège de France*(1989-1992), (2012)

참고문헌 및 더 읽을 책

저서

기호학 연대, 『대중문화 낯설게 읽기』, 문학과경계사, 2003
김만흠, 『한국의 언론정치와 지식권력』, 당대, 2003
김주현, 『외모 꾸미기 미학과 페미니즘』, 책세상, 2009
김왕배, 『산업사회의 노동과 계급의 재생산』, 한울, 2001
리포베츠키, 『행복의 역설』, 정미애 옮김, 알마, 2009
박해광, 『계급, 문화, 언어』, 한울, 2002
송호근, 『한국, 무슨 일이 일어나고 있나?』, 삼성경제연구소, 2003
신광영, 『한국의 계급과 불평등』, 을유문화사, 2004
이영자, 『소비자본주의 사회의 여성과 남성』, 나남출판, 2003
한국사회학회 편, 『기로에 선 중산층』, 인간사랑, 2006
함인희 편, 『한국의 일상문화와 몸』, 이화여자대학교 출판부, 2007
홍성민 편, 『문화와 계급』, 동문선, 2002

논문

김예란 외, 「온라인 뉴스 이용자의 문화취향과 뉴스 소비유형의 관계」, 《한국언론학보》, 52권 4호, 2008

박상미, 「맛과 취향의 정체성과 경계 넘기: 전 지구화 과정 속의 음식문화」, 《현상과 인식》, 2003
송경원, 「한국의 계급구조와 교육체계」, 《진보평론》, 2001년 겨울호
양종회, 「문화적 취향의 분화: TV 프로그램과 음악장르를 중심으로」, 《문화, 여가 그리고 삶의 질》, 제5차 한국종합사회조사 심포지엄, 2008
이동연, 「한국의 문화자본은 어떻게 형성되는가?」, 《문화과학》, 2010
이득재, 「촛불집회의 주체는 누구인가?」, 《문화과학》, 2008
장미혜, 「문화자본과 소비양식의 차이」, 《한국사회학》, 제35집, 3호, 2001
장상수, 「교육기회의 불평등: 가족 배경이 학력성취에 미치는 영향」, 《한국사회학》, 34집, 2000
전범수, 이상길, 「영화 장르의 사회적 소비구조」, 통권 18-3
최샛별, 「상류계층 공고화에 있어서의 상류계층 여성과 문화자본: 한국의 고전음악전공여성 사례」, 《한국 사회학》, 36집, 2002
최샛별, 「한국 사회에 문화자본은 존재하는가?」, 《한국사회학회보》, 42집, 2008
한신갑, 박근영, 「『구별짓기』의 한국적 문법: 여가활동을 통해 본 2005년 한국사회의 문화지형」, 《한국사회학》, 41집, 2007
홍기선 외, 「문화취향과 텔레비전 시청에 관한 연구」, 《신문학보》, 25호, 1990

Gartman, David, "Culture as Class Symbolization or Mass Reification?; A critique of Bourdieu's Distinction," *The American Journal of Sociology*, Vol. 97, No. 2, 1991
Lamont M. and Lareau, A., "Cultural capital; Allusion, Gaps and Glissandos in Recent Theoretical Developments," *Soicological Theory 6*, Fall, 1988

관련서 추가

『68사상과 현대 프랑스 철학: 푸꼬, 데리다, 부르디외, 라캉』, 뤽 페리 외, 구교찬 외 옮김, 인간사랑(1995)

「부르디외 사회학 이론」, 루이 핀토, 김용숙·김은희 옮김, 동문선(2003)
「부르디외 & 기든스: 세계화의 두 얼굴」, 하상복, 김영사(2006)
「문화와 권력: 부르디외 사회학의 이해」, 현택수, 정선기 외, 나남(1998)
「예술을 유혹하는 사회학: 부르디외 사회이론으로 문화읽기」, 김동일, 갈무리(2010)
「부르디외 사회학 입문」, 파트리스 보네위츠, 문경자 옮김, 동문선(2000)
「피에르 부르디외와 한국사회: 이론과 현실의 비교정치학」, 홍성민, 살림출판사(2011)

찾아보기

ㄱ
가구 취향 80~82
경제자본 66, 81, 85, 90, 91, 93, 94, 125, 135, 138, 142, 177, 180
계급 재생산 87, 102, 126, 179
계급 정체성 144
고급문화 99, 100~102, 157, 177~180
고프만, 어빙 68
교육 제도 118
『귀족국가』 36

ㄷ
대중문화 117, 121, 123, 124, 157, 179

ㄹ
레비-스트로스, 클로드 20
롤스, 존 34

ㅁ
마르쿠제, 허버트 76
『맞불』 37
메를로-퐁티, 모리스 36
문화 취향 45, 75, 98, 124, 128, 141, 151, 152~154, 156~159, 163, 172
『문화와 정치』 145
문화자본 10, 44, 65, 66~68, 79, 80, 82,
85, 86, 88~91, 93~96, 101~103, 135, 138~143, 157, 165, 176, 177, 179~181, 185
미적 취향 68, 72~75
민중계급 30~32, 34, 60~63, 67, 69~71, 73, 80, 90, 108, 110, 115, 118, 125, 134, 168

ㅂ
베르그송, 앙리 36
'비판과 급진주의자들의 연대' 18

ㅅ
사르트르, 장 폴 16, 20, 21, 69
사회변증론 171
사회적 행위자 130, 136
사회학주의 35
상동성 164, 165
상류계급 60~62, 64, 67, 75, 77, 78, 80, 84, 86, 98, 99, 101, 177
『상속자들』 22
상징 지향 153, 155, 156
상징자본 25, 30, 81, 82, 93, 189, 191
『세계의 비참』 17
소비 취향 9, 42
쇠퇴하는 부르주아 106, 107

식민성 69, 70, 84, 184, 188, 189, 192
신흥 부르주아 108~110
실질 지향 153, 155, 156
『실천이성들』 35
실행 부르주아 107, 108

ㅇ
아도르노, 테오도르 76
아롱, 레이몽 16, 21
아비투스 8, 10, 19, 20, 42~45, 65~67, 72, 75~77, 105, 107, 115, 116, 140, 141, 143, 144, 167, 169, 171
알튀세, 루이 21
『예술을 사랑하기』 23
『예술의 규칙』 25
유럽사회학연구센터 17, 22
음식 취향 82~84
음악 취향 78, 79
이데올로기 생산의 장 130, 131

ㅈ
『자본주의의 아비투스』 20
자유 취향 69
『재생산』 22
전통 지향 153, 155, 156
정치적 무관심 129

정통 취향 67, 76, 77, 86
중간계급 30, 31, 32, 60, 61, 63, 64, 66, 69, 71, 73, 74, 78, 80, 90, 97, 103~106, 126, 127, 135, 138
『중간계급의 예술』 23, 24

ㅋ
칸트, 이마누엘 36, 38~41, 129

ㅌ
『텔레비전에 관하여』 33, 37

ㅍ
『파스칼적 명상』 35
『판단력 비판』 39, 41
필요 취향 69

ㅎ
하버마스, 위르겐 33, 34
하이데거, 마르틴 26, 27
학교 제도 118
학력자본 65, 78, 91, 106, 108, 125, 136, 180
허위의 동일시 139, 141, 146
현대 지향 153, 155, 156
『호모 아카데미쿠스』 26, 36

발간사
'우리시대 고전읽기/질문총서'를 펴내며

오늘날 우리 사회에서 새삼스럽게 화두가 되고 있는 것이 '고전'이다. 왜 고전인가? 미래가 불투명한 현실에서 고전은 하나의 등불처럼 미래의 방향을 비춰주고, 개인의 암울한 장래 앞에서 고전은 한 줄기 빛처럼 세상의 어둠을 밝혀주는 안내자의 역할을 할 수 있을 것으로 여겨지기 때문이다. 어쩌면 고전이 시대의 화두라는 말은 이 시대 자체가 나아가야 할 목표와 좌표를 상실한 암담한 시대라는 사실을 방증하는 것일지 모른다. 게오르그 루카치의 말처럼 현재가 별이 빛나는 창공을 지도 삼아 갈 수 있는 행복한 서사시적 시대라고 한다면, 고전은 존재하지 않아도 무방하리라. 하지만 '고전'은 그런 시대의 행복한 조화가 깨어지고 우리 자신이 시대와 불화하고 서로 어긋나는 소설 시대의 산물에 다름 아니다.

우리는 너무 쉽게 고전을 시대 현실과 동떨어진 대척점에 놓으려는 유혹에 빠지곤 한다. 정말 고전은 우리 현실과 대립하는 위치에 서서 미래를 비춰줄 찬란한 등불과 같은 것인가? 이 질문에 긍정으로 대답하면 우리는 고전을 그것을 산출한 시대적 현실과 연결된 살아 있는 생물체로 보지 못하고 그 현실과 분리된 물신화된 화석으로 간주할 가능성이 다분하다. 언제부터인가 고전은 시간을 뛰어넘는 '모방의 전범'으로, 또 19세기 매슈 아널드가 말한 '세상에서 말해지고 생각된 최고의 것', 즉 교양을 얻을 수 있는 최고의 원천으로 간주되기 시작했다. 나아가서 고전은 '변화와 상대성에 저항하는 보루'로서 시대를 초월하는 인간의 보편적 가치를 담지한 작품으로 정전화되어왔다. 하지만 시대와 장소를 뛰어넘어 통용되는 초월적 '보편성'이란 우리시대가 필요해서 창안한 관념일 뿐 실제 존재하지 않는다. 고전의 화석화에 저항하는 당대적 현실과, 고전이 정전화될 때 간섭하는 권력의 존재를 감안한다면, 그와 같은 초월적 보편성의 이념은 이데올로기적 허구에 가깝다.

'우리시대 고전읽기/질문총서'는 이러한 절대적이고 초월적인 보편으로서 고전의 허구성을 비판하기 위해서는 무엇보다 먼저 우리시대의 문제적 텍스트들을 읽는 연습이 절실하다는 생각에서 기획되었다. 그 문제적 텍스트가 시대적 현실 속에서 살아 움직이는 실체임을 깨닫게 될 때, 즉 그 텍스트들이 당대의 현실에 어떤 질문을 던지고 있는지, 그 질문을 서사적으로 어떻게 풀어나가는지, 그리고 그 질문이 어떻게 새로운 대안으로 연결될 수 있는지 보다 생생하게 읽어내는 방식을 체득하게 될 때, 우리는 현재의 삶이 제기하는 문제들에 보다 적극적으로 대응할 수 있을 것이다. 뿐만 아니라 우리시대의 고전을 제대로 읽을 수 있을 때 우리는 과거의 고전들에 대해서도 예전과는 전혀 판이한 해석을 할 수 있다. 왜냐하면 이러한 읽기는 고전을 당대의 생생한 현실 속으로 되돌려놓을 수 있을 뿐만 아니라 그 고전을 산출한 과거의 지적 공간을 오늘날의 지적 공간 안에 편입시킴으로써 그 고전을 우리시대의 고전으로 새롭게 창조할 수 있는 방법을 모색하는 데 큰 도움이 될 것이기 때문이다.

우리시대의 고전을 읽는 이점은 여기에만 그치지 않는다. 과거의 고전들이 수많은 공간적·장소적·횡단적 차이들에서 벗어나 어떤 목적적 시간성에 의지하고, 나아가 종국에는 시간성 자체를 초월하여 해석되는 경향이 없지 않았다면, 우리시대의 고전은 철저하게 그 고전을 산출한 시공간의 장소성에서 벗어나서 해석될 수 없음을 깨닫게 해준다. 또한 이러한 장소성에 대한 자각은 고전의 정전화 과정 속에 침투해 있는 다양한 권력과 이데올로기들을 드러내준다. 그중 가장 대표적인 것이 서구중심주의와 그에 기대고 있는 민족주의이다. 서구의 발전을 이상적 준거틀로 삼는 서구중심주의든, 서구에 대항한다는 명목으로 서구적 모델을 자기 내부에서 찾고자 하는 민족주의든 모두 고전을 서구적 모델의 견지에서 인식해왔다. 그 결과 서구의 고전은 이상적 모델로 보편화되었고 비서구나 주변부의 고전들은 서구적 수준에 미달하는 것으로 억압되거나 아예 목록에서 제외되었다. 우리시대의 고전을 보다 철저히 읽어야 하는 이유는 바로 이런 서구중심주의의 단일보편성을 비판하는 한편 주변부에 다양한 '보편적' 텍스트들이 존재함을 재인식하는 데 있다. 요컨대 '우리시대 고전읽기/질문총서'는 단일보편성의 상대화와 주변의 다양한 보편들에 대한 인정을 지향한다. 고전을 해당 시대가 제기한 핵심적 질문에 나름의 진단과 대안을 제시하는 중요하고 문제적인 텍스트라고 간단히 규정할 때, 오늘날 비서구와 주변부에서 제기되는 중요한 질문들을 다루는 그런 텍스트들을 발굴하고 견인하는 것은 필연적이다.

결론적으로 말해, 우리시대의 살아 있는 고전을 읽는 작업은 이중적 과제를 수행한다. 그것은 한편으로는 과거의 고전을 당대와 현재의 생생한 현실 속으로 다시 가져와 그것이 제기하는 질문을 여전히 살아 있는 질문으로 계승함으로써 모든 고전이 결국 우리시대의 고전임을 깨닫게 하는 것이고, 다른 한편으로는 우리시대의 고전들이 던지는 질문과 답변들을 꾸준히 우리 자신의 것으로 체화함으로써 우리로 하여금 미래의 고전에 대한 새로운 창안자가 되도록 하는 것이다. '우리시대 고전읽기/질문총서'는 바로 이런 과제에 기여하는 것을 꿈꾸고자 한다.

2012년 5월
부산대학교 인문학연구소